A Toolkit for
Modern Life
53 Ways to Look After Your Mind

我给自己建了一座心灵补给站

A Toolkit for Modern Life
53 Ways to Look After Your Mind

[英] 埃玛·赫伯恩 著 刘宛妮 译
Emma Hepburn

机械工业出版社
CHINA MACHINE PRESS

Emma Hepburn. A Toolkit for Modern Life: 53 Ways to Look After Your Mind.

Copyright © 2020 by Emma Hepburn.

Simplified Chinese Translation Copyright © 2025 by China Machine Press.

Simplified Chinese edition published by arrangement with Greenfinch, an imprint of Quercus Editions Ltd, through The Grayhawk Agency, Ltd. This edition is authorized for sale in the Chinese mainland (excluding Hong Kong SAR, Macao SAR and Taiwan).

No part of this book may be reproduced or transmitted in any form or by any means, electronic or mechanical, including photocopying, recording or any information storage and retrieval system, without permission, in writing, from the publisher.

All rights reserved.

本书中文简体字版由 Greenfinch, an imprint of Quercus Editions Ltd. 通过 The Grayhawk Agency, Ltd. 授权机械工业出版社在中国大陆地区（不包括香港、澳门特别行政区及台湾地区）独家出版发行。未经出版者书面许可，不得以任何方式抄袭、复制或节录本书中的任何部分。

北京市版权局著作权合同登记　图字：01-2023-6223 号。

图书在版编目（CIP）数据

我给自己建了一座心灵补给站 /（英）埃玛·赫伯恩 (Emma Hepburn) 著；刘宛妮译 . -- 北京：机械工业出版社，2025.6. -- ISBN 978-7-111-78252-0

I. B84–49

中国国家版本馆 CIP 数据核字第 2025TB4915 号

机械工业出版社（北京市百万庄大街 22 号　邮政编码 100037）
策划编辑：向睿洋　　　　　　　　　责任编辑：向睿洋
责任校对：王小童　张雨霏　景　飞　责任印制：任维东
北京宝隆世纪印刷有限公司印刷
2025 年 9 月第 1 版第 1 次印刷
147mm×210mm · 6.5 印张 · 2 插页 · 111 千字
标准书号：ISBN 978-7-111-78252-0
定价：69.00 元

电话服务　　　　　　　　　网络服务
客服电话：010-88361066　　机　工　官　网：www.cmpbook.com
　　　　　010-88379833　　机　工　官　博：weibo.com/cmp1952
　　　　　010-68326294　　金　书　网：www.golden-book.com
封底无防伪标均为盗版　　　机工教育服务网：www.cmpedu.com

心理健康往往被定义为……

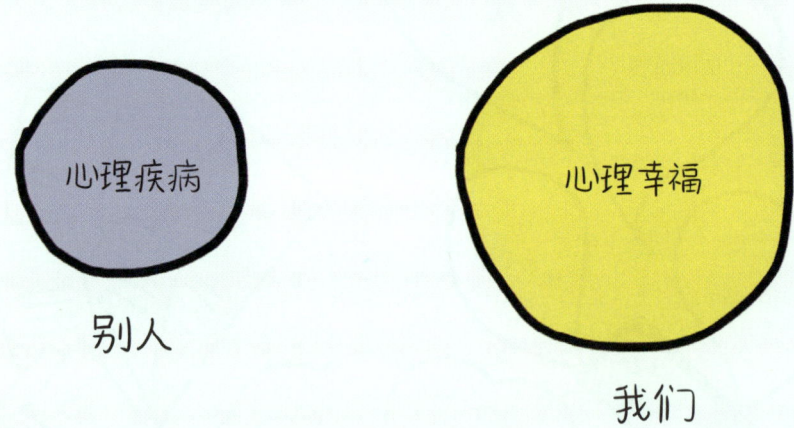

心理健康实际上是……

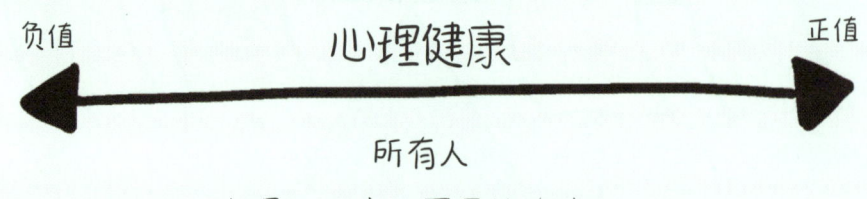

引言：照顾你的心灵

现代生活很忙碌。我们都在努力寻找工作与家庭之间的平衡，可是这种平衡似乎永远不可能达到——要让他人开心，要追求自己的快乐，要管理财务，要照料孩子，要保持身体的活跃，还要完成长长的待办清单，同时想办法放慢脚步。这一切都要求我们做计划、发消息、更新信息、列清单——这一切还伴随着一种信誓旦旦的背景噪声，告诉你技术能够帮你节省时间，而实际上技术只是创造出了更多需求，让你时刻对各种各样的聊天软件消息和社交软件更新保持警觉。整个世界充斥着通知提示音，每个人看起来都比你更在状态。

实际上，我们都像抛接球的小丑一样对生活应接不暇，此外还会在最不希望出意外的节骨眼上遭遇意外。没有人永远不出错，我们总是在拿捏了生活和被生活拿捏之间反复摇摆。我并不承诺你会在这本书里找到一个魔法般的平衡，但我希望你能学会一些方法，来照顾你生命中最重要的部分：你的心灵。

你的心灵是你故事的中心——随着你不断前进，它观察着、计划着、回应着、记忆着、发展着、互动着、创造着。

照顾心灵并非故事的全部，但它对**你的**故事而言至关重要，你要多加留意。这本书会帮你开发出一套个人化的实用工具，让你学会照顾你的心灵，并在你的世界里、你的故事里、现代生活丢给你的一切里，找到你的方向。

破除迷思

心灵与心理健康是同义词，所以照顾心灵也是照顾你的心理健康。要照顾好心理健康，我们需要先破除几个与心理健康有关的迷思。第一点就是，我们需要意识到，我们每个人的心理健康都是需要照顾的。

我们需要纠正一个观念，那就是心理健康是别人才需要关注的东西，而我们只需要在它出问题的时候，再去思考如何应对就可以了。心理健康是每个人都需要关注的，并且我们要前瞻性地去照顾它。我们要明白，心理健康和身体健康一样，是可变的，而且在人生的历程之中可能呈现非常不同的状况。它有时候会需要特别的关照，而且在特定的情境和个人因素的共同作用下，任何人的心理健康都可能出问题。与其把它看作缺陷，我们需要做的，是去理解造成这一结果的各个因素，并了解如何改善或求助于人。要明白，心理健康并非完全取决于大脑——本质上它与我们的身体、我们生活的环境都有关联。重要的是要学会辨别心理健康出现损伤的信号,这样我们才能采取最佳的行动去改善它。

心理健康的果酱罐

我们都有一个心理健康的果酱罐,里面装有我们的易感性(草莓)与压力源(树莓)。每个人的易感性处在不同的水平,每个人的压力源在一生之中也会变换。这个类比曾被遗传咨询师杰汉宁·奥斯汀(Jehannine Austin)教授用来描述基因的易感性,但是作为心理学家,我想要将各种各样的易感性都纳入考虑,包括生物学易感性、社会易感性、认知易感性、环境易感性以及生命经验易感性。每个人都有极限,如果压力源超出了果酱罐的容量,就会引发心理健康问题。我们可以通过学习和使用一些应对策略,例如寻求社会支持、保持好的睡眠、锻炼身体,来扩大果酱罐的容量。

首先,这个果酱罐的概念让我们看到,心理健康是每个人都要去考量的东西,并且它是有极限的。其次,我们还看到,任何人的心理健康都可能出问题,这取决于生活中上演着什么样的事情。最后,这个比方照顾到了人们不同的背景和经验,这有助于解释为什么一些人比别人更容易出现心理健康问题。关于这个概念我最喜欢的一点是,这是一个充满

你的心理健康果酱罐

每个人都有一个心理健康果酱罐

里面装满了我们的

🍓 = 易感性
🍓 = 压力源

罐子装满 = 心理痛苦 / 心理健康状况差

通过使用有益的应对策略，我们的果酱罐可以变大

希望的模型，因为它昭示着我们有能力通过处理压力源（如果可能的话）和使用应对策略来提升自己的适应能力。本书的焦点是照顾你的心灵，方法就是扩大你的果酱罐的容量，并处理里面的"树莓"。

那，心灵是什么

好啦，这个问题向来有争议，而且不总是能争出个结论，所以我会按照我的理解来解释。心灵，是你体验你的内在和外在世界以及你是谁的地方。你在这里听见你的想法，在这里知觉、感觉、理解、记忆和审视你自己、这个世界，以及你在世界之中的位置。心灵也是你与世界交互的方式。它被你的大脑建构，但它不仅仅是你的大脑。

我把心灵看成一支三人乐队，由你的大脑、身体和环境"组成"。这支乐队配合默契，伴你一生，演奏着不同的和声，每一个和声都是为了让一首完整的歌动听而存在的。所以如果要抛开你的身体和环境只谈大脑的话，那就相当于丢掉了乐队的三分之二：就像碧昂丝失去了她的乐队成员们。（的确，碧昂丝——或你的大脑——是棒极了，但如果没有其他两位成员的话，她们的歌曲就不完整了。）

我们来继续拆解，看看这些元素是如何一起构成你的心灵的。你的大脑控制并调节你的生理功能，还负责认知——思想、记忆、计划、组织、注意、决策，让你在这个世界里能够不迷路。也是在大脑之中，你理解情绪——这项工程需要许多功能协同作业。你的大脑中有数以亿计的神经元，它们连接着其他神经元，以超高的速度在超级高速公路上通过电脉冲相互交流。这些神经元使你的大脑成为通信专家，能够理解和塑造你的世界以及你对世界的回应。但你的大脑可不只是同它自己通信，它还与你的身体交流，并从你的身体那里得到反馈。在这条双向的高速路上，你的身体对大脑和心灵产生影响，反之亦然。举例来说，我们如何思考和感受，会影响我们对疼痛的体验，如我们对药物的相信程度会影响药效，长期的压力与较差的免疫系统及多种疾病相关，体育锻炼可以在心理健康治疗中产生明显的效果。

　　比这更明显的是，你的身体和大脑与你所处的环境之间也有着十分紧密的关联。世界塑造你的大脑，从而塑造你的心灵，而大脑则塑造你看待环境的方式。你感知环境的基础是已有的关于它的知识，即你的经验。由于我们是社会性的存在，你环境中的人们也会影响你的大脑。你长大过程中的抚养者会影响你对环境做出反应的方式，并帮你塑造你的信念与行为。我们一生之中都在不断与他人相互影响彼此的大脑——我们认为别人在经历什么，大脑对其做出反应。我们想象，从而感受到他人的痛苦。我们的环境与我们大脑和身体的运作方式的关联紧密到何种程度呢？事实上，如果不考虑心灵所处的环境，我们是无法思考心灵的。

所以，在本书中，当我们思考如何照顾你的心灵时，我们会从大脑、身体和环境这三个部分入手。每个部分都对你的心灵有所贡献，因此它们共同构成了你照顾心灵的基础。同样地，心理健康也不仅仅是大脑的健康，而是整个身体的健康。

所以，健康的心灵意味着什么呢？

与很多人的理解相反，健康的心灵并不是时时刻刻只感到快乐，而从不感到悲伤或别的负面情绪（无论我们认为什么情绪是负面的）。我们会发现，所有这些情绪在生活中都是必需的。对我来说，健康的心灵是这样的心灵：它能够帮你用善意和同情去照顾自己、尊重自己；它允许你理解自己的情绪，用对你有益的方式对它们做出反应，从而使你能够妥善处理在生活中遭遇的压力源，活出最饱满的人生。你对健康心灵的理解可能有所不同。这个问题值得好好想一想，给出你自己的答案，这样，当你的心灵偏离了这个答案，当你需要多做些什么来照顾它的时候，你会有所察觉。

如何使用这本工具书

要过好这一生,我们都需要一个心理健康工具箱。尽管每个人在世上生活的方式会有类似之处,但是没有两个人是一样的,对我们每个人有用的工具箱也是不同的。而随着境况的改变,我们所需要的工具随时都可能发生改变。

这本书将采用循证模型,向你介绍许多种心理健康工具。以我自己在工作中帮助形形色色的人的经验为基础,我选择了这些工具。这些工具是人们告诉我他们认为最有帮助的——他们一次又一次地使用这些工具,让自己的生活向着开花结果之路进发。

在你阅读本书的过程中,请识别并选择对自己最有用的心理健康工具。你的工具箱可以随时更新:你可能会发现一些工具已经生锈,需要更新,或者由于生活境遇的变迁,你可能会需要一种全新的工具。在一个固定的地方记笔记会有帮助(草记在这本书的书页上,或者单独用一个笔记本来记),这样每当你面临挑战时,你都可以回来参考对你有过用处的方法。

这本书不必从头到尾按顺序阅读,你可以选择你当下需要的话题直接去读。一旦你的工具箱装填就绪,你就可以一次又一次地求助于它,来应对现代生活丢给你的许多状况。

目 录

引言：照顾你的心灵

  破除迷思

  心理健康的果酱罐

  那，心灵是什么

  所以，健康的心灵意味着什么呢？

如何使用这本工具书

第 1 章　为心灵的幸福打好地基　　　　　2
  不要忽略生理需要　　　　　4
  心理健康的五根支柱　　　　　14
  我珍视什么？　　　　　22

第 2 章　生活的起起落落　　　　　28
  情绪容量杯　　　　　30
  当生活朝你扔石头　　　　　40

第 3 章　你，你的大脑，还有你的情绪　　　　　50
  负面情绪的意义是什么？　　　　　52
  情绪周期　　　　　62
  你真可耻，情绪！　　　　　69
  焦虑警报　　　　　75

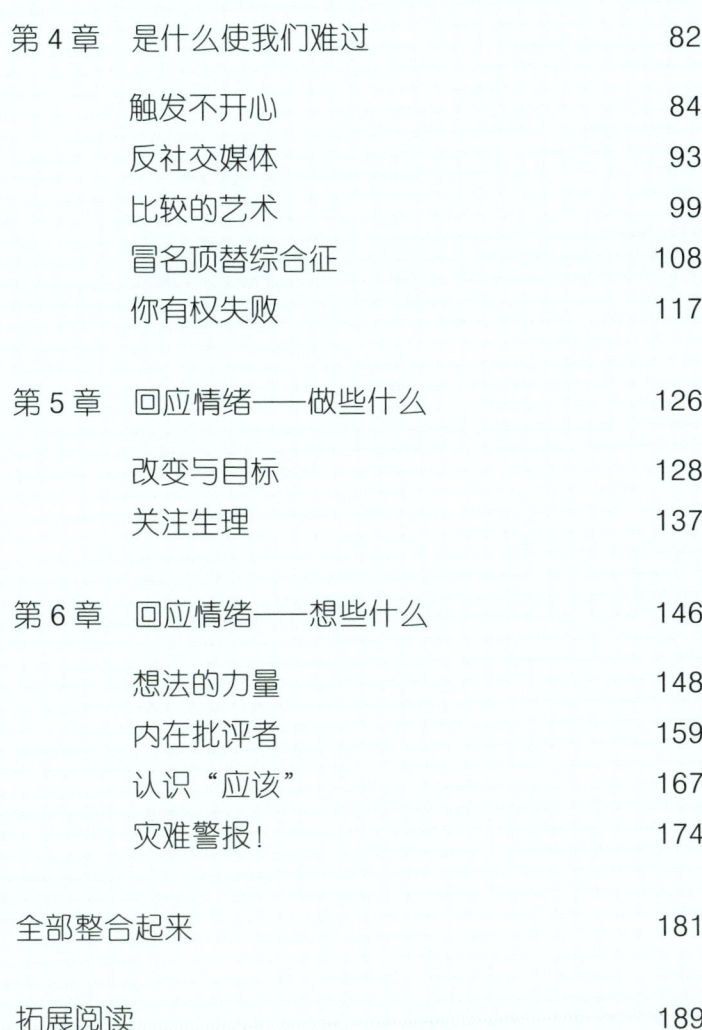

第 4 章	是什么使我们难过	82
	触发不开心	84
	反社交媒体	93
	比较的艺术	99
	冒名顶替综合征	108
	你有权失败	117

第 5 章	回应情绪——做些什么	126
	改变与目标	128
	关注生理	137

第 6 章	回应情绪——想些什么	146
	想法的力量	148
	内在批评者	159
	认识"应该"	167
	灾难警报！	174

全部整合起来　　　　　　　　　　　　181

拓展阅读　　　　　　　　　　　　　　189

第 1 章

为心灵的幸福打好地基

主动地照顾你的心灵与心理健康——这到底是什么意思？要达到好的心理健康状态，难道不是费钱又费力？的确，心理健康通常很复杂，想要搞清楚其中原委、找到解决办法并不总是容易的，但我希望大家不要错误地认为，照顾你的心理健康是件神秘的、不可能做到的事情，也不要以为有这么一种灵丹妙药能够药到病除，让你的人生不再有难题，从此鲜花着锦，无忧无虑。如果执着于寻找"仙丹"或终极答案，我们难免会觉得自己很无能，因为照顾心理健康这件事似乎超出了我们的控制范围。我们往往还会忽视简单事情的大功用。事实上，虽然心理健康问题的治疗需要根据患者的个人情况来制订个体化的方案，但是在日常生活中，真正对你的心灵和身体有帮助的，是那些简单易行、触手可及的日常习惯。本章将带你了解一些小技巧，帮你处理压力源，找到易操作的照顾心灵的方法。

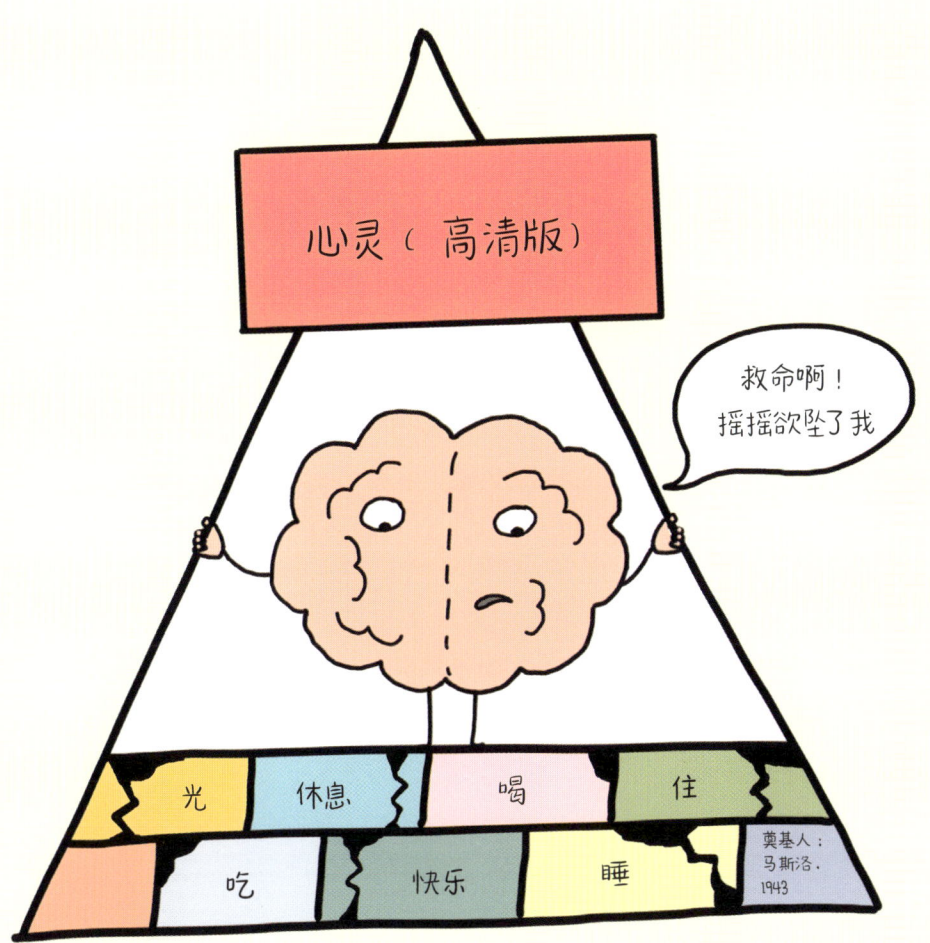

不要忽略生理需要

我们的感受天然地与我们的身体关联在一起。如果你很累、很渴、很饿，或者病了，一定程度上，你就容易心情不好。而当你心情糟糕时，你就更容易产生消极的想法，而更不容易做让自己开心起来的事。在复杂一点的层面上说，较差的睡眠、缺乏锻炼和身体的疾病，对你身体和大脑的机能都有影响。由于生理需要而心情不好，可能会使坏情绪如泄洪般侵蚀到思想与行为的其他方面，进而可能会形成恶性循环。

你的大脑持续不断地阐释着你的感受，它会参考你的环境和过往经验，这样你才能做出反应。当你的身体感觉不好时，这可能是一个信号：有什么东西失调了。有许多因素都可能影响你的身体，让你感觉有点"不对劲"：饥饿、口渴、疾病、内急、劳累、疼痛。这其中有一些比其他的更容易调节，例如饥饿和口渴，可以很快就被解决。但大脑并非一个完美的系统，有时候，在对意义的寻求中，它会对简单的身体信号做出误读。你是否有时会因为不知道自己为什么感到难过而困惑，并为此不停地分析自己，却一无所获？在这无休止的分析期间，你无意间吃了一个三明治，然后突然就感觉好多了。能量和血糖从那个三明治流向你的全身，调节了你的身体，改善了你的心情。你心情沮丧是因为你饿了，但爱分析的大脑有时就是会忽略简单的答案，而去寻找更高层次的意义。

为了避免由感受所带来的消极后果，照顾好自己的身体是非常重要的。最基本的环节，不仅包括处理不愉快的感受，同样重要的，是要设法创造愉快的感受。睡眠、饮食，这些重要环节如果被照顾妥当，我们就离好心情更近了一步；兴趣爱好、休息和放松，也是我们可以为之筹谋的基本需要。

"自我关爱"一词，在今天这个时代有些被滥用了，仿佛太阳底下任何一个产品，都能在广告里提上这么一句。但它的重要性并不应该因此而被忽视。对自己的照顾就好像建筑用的砖石，为必要的心理素养构筑坚实的基础。有了好的基础，我们不仅能够拥有更好的心理健康状况，也能够培养更强的心理弹性，以应对人生中不可避免的逆境。在这一部分的练习中，我选择了睡眠、饮食、娱乐与放松这几项内容来重点说明，但除此之外，仍有许多其他的基础，包括关注自己的身体健康（例如做体检）、改善生活环境、管理经济状况以及多获取自然光照。请查看你的生理基础是否存在缺漏，并在条件允许的情况下，完成相应目标。

练习1

生理基础查缺补漏：睡眠

睡眠质量差，不仅会让你心情糟糕，还会影响你的认知和健康。在睡眠不足的情况下，执行任务、保持专注、记忆信息的能力都有可能下降。睡眠也被认为对于记忆编码有特殊作用，所以难怪，在夜里没有休息好的情况下，你会感到更加心不在焉和健忘。最近的研究显示，睡眠可能是一趟"夜班"，作为大脑"护工"的神经胶质细胞在此时最辛勤地工作着，清理残局。因此，高质量睡眠是很重要的。

讽刺的是，你越努力想睡觉，就越难入睡。从躺在床上到实际睡着之间的这段时间之渊，让你的心灵有机会拿各式各样的忧虑去填满它。当我们有忧虑的事情或正背负巨大的压力时，我们的睡眠模式可能会发生改变，我们可能发现自己更频繁地醒来，或者更容易做噩梦了。如果你经常受困于睡眠问题，请跟医生讲，因为你可能需要转诊睡眠诊所。

请查看下一页的睡眠阻碍因素列表，勾选出符合你自身情况的条目，并试着用所提供的方案去解决你的问题。

睡眠阻碍：泛泛的忧虑

（1）在睡前把你担忧的事情写下来，这样你就可以在第二天早上来处理这些事了。接下来，如果忧虑再次闯入你的脑海，你就可以提醒自己，明天你会处理的。

（2）集中精神，缓慢呼吸，倾听并感受自己的呼吸（呼吸或放松类的应用程序或许会有帮助）。

（3）听听令你放松的有声书或博客，转移注意力。

睡眠阻碍：大脑忙碌状态难以切换

（1）睡前避免让你兴奋或想太多的活动。

（2）培养每晚相同的睡眠仪式，比如冲个热水澡，喝杯热饮，或读几页书。这样做可以帮你平静下来，并与睡眠产生联结。

（3）睡前调暗灯光。

（4）晚饭不要吃得太晚，傍晚以后避免摄入咖啡因。

（5）避免白天小睡。

睡眠阻碍：担心睡不着，或过于努力入睡

（1）告诉自己，就算少睡几个小时，你也应付得了。

（2）上述睡眠阻碍解决方案所提到的各种放松及分心技巧，均可尝试。

（3）设法不让自己入睡——这听起来可能有点怪，但有证据证明，它对有些人而言确实有用。

（4）起床做点放松的事，等困了再上床睡觉。

睡眠阻碍：睡眠不足

（1）重新认识睡眠的价值与意义——并不是弱者才需要睡眠，睡眠带来的改善是方方面面的。

（2）提高睡眠这件事情的优先级，规划上床睡觉和睁眼起床的时间。研究表明，保持就寝和醒来的时间的稳定一致，能够提高睡眠质量。

（3）请保证你的床就是用来睡觉的，不要在床上工作或看手机。

（4）将电子产品都放在卧室外，这样你就不会在夜里查看它们了。蓝光会唤醒大脑，扰乱褪黑素的释放。

生理基础查缺补漏：饮食

无论从细胞水平来看，还是更加宏观的层面，你的身体和大脑都需要水和食物，才能高效地发挥功能。因此，食物或水摄入不足，可能让人感到脾气变坏，以及一系列其他不快的情绪。幸运的是，多样化的饮食、多吃水果和蔬菜，对身体健康和大脑健康都有积极的影响。

食物也可以是一个巨大的快乐源泉，让我们能够暂停下来，休息一下，产生积极情绪。然而，由于接收到各种有关食物和体重的社会信息，我们与食物之间的关系可能相当复杂。可能我们的心情让我们特别想要吃某种食物，但随即我们又因为吃了这种食物而感到羞耻。生活繁忙，我们就可能在吃上不过脑子。在饮食上束手束脚，可能会在短时间内让我们感觉良好，但长期来看，却是有害的。

那么喝呢？我们可能会忘记喝水，从而导致脱水，既而感到疲惫。由于疲惫，我们用合法药物咖啡因给自己狂打鸡血，在药效下进入所谓的"战或逃"模式。（治疗焦虑时，我用过的最有效的手段之一，就是让病人戒断一种著名的软饮料，该饮料在当时含有大量咖啡因。）我们用酒精来抚慰自己，可是，酒精往往对大脑功能有负面的作用——如果你从未体会过宿醉的恐怖,那你真是太幸运了。

有一些饮食的微调方法,可以对心灵产生积极影响。可是,如果你发现自己与食物之间的关系令你难以采取多样化、有规律地进食,甚至无法享受美食,那么你应该找全科医生或医疗专家聊一聊。

请参照如下清单,检查自己的饮食习惯。想一想,吃和喝可能以何种方式拖累着你的感受,以及你可以采用何种微调,以带来积极的转变。

- ☐ 我是否规律饮食?
- ☐ 我是否限制自己的饮食?
- ☐ 我的饮食是否多样,包含了水果和蔬菜?
- ☐ 我是否有规律地摄入了足够的水分?
- ☐ 我是否摄入过多的咖啡因?
- ☐ 我是否摄入过多的酒精?
- ☐ 我是否坐下来认真吃饭?
- ☐ 我是否好好品尝我的每一餐,细嚼慢咽?

规划娱乐与放松

生活丢给你什么你就应付什么,而带给你快乐和放松的事情你却忽略——人们很容易这么做。你可能觉得自己没时间做快乐放松的事情,或者根本不认为它们是重要的,也不重视你自己。在工作中,当人们对于做让自己开心的事怀有负罪感时,我经常开玩笑说:"心理学家开出处方——放假。"娱乐的好处是双重的:做这件事情本身的积极作用,以及预想、思考和计划你所期待的事情时你的积极感受。人人都爱假期,但并非时时都能放假。然而,规划娱乐不一定是多么大的事,实际上,一周中间,分散发生的小事越多越好。在日记里规划这些事,而不是为它们单独开辟出新的时间段,这意味着你实际去做的可能性会更大。

这个"娱乐规划"可能遇到的阻碍有:负罪感,时间,认为它不重要或缺乏计划的想法。但是,进行令自己愉悦的活动,对于生活来说至关重要,因为这些活动能够帮你有效地应对压力,帮你放松,帮你启用你身体的疗愈与康复系统。小小的散装快乐与放松能够起到跟大型的快乐与放松一样的效果,而且哪怕是在困难时期也可以去规划。这些小小的快乐时刻可以带领你回到更好的感觉之中,或者让你感到你更像是你自己。米歇尔·奥巴马（Michelle Obama）说过，不仅工作需要计划，娱乐也需要计划，要教会自己花时间去规划那些让自己开心的事，从而让自己保持健康。如果米歇尔做得到，那么我们也可以。

用下列问题来思考，你可以如何增添自己日常生活中的快乐与放松。

有哪些日常小事，我做了就会开心？

有哪些日常小事，我做了就能放松下来？

怎样可以把这些小事放进我的生活？

阻碍我规划娱乐与放松的因素有哪些？

怎样可以防止这些小事从我的待办清单上溜走？

心理健康的五根支柱

心理健康的五根支柱

下面,我想向你介绍五根支柱。虽然它们未必在每件事上都能达成一致,但它们每根都很有自信可以为你的生活带来一些有价值的东西。已经有充足的证据证明,这五点可以对心理健康和心灵产生积极的影响。

支柱1:联结

人类是社会性动物,而且有越来越多的证据表明,孤立有害健康。和让我们感到安全的、有共同经历的、玩得到一起的人待在一起,可以带来积极情绪,调节身体状况,构筑健康心灵。这样做让我们有机会跟人聊一聊,确认并了解自己的想法、情绪与经历。这可以帮我们更好地处理困难的情况,拓宽我们的思路,让我们从更多不同的视角看问题。我们可以向他人学习,这对大脑和心灵都是有益的。

有证据表明,拥有良好的关系是保持快乐和健康的最强影响因素。当今的世界到处充斥着"自我关爱"的声音,我们很容易忽略,**集体关怀**对我们自己的幸福影响更大。如果你过去曾有过不好的经历,令你难以相信他人,或者无论出于何种原因,你认为自己很孤独,那么建立联结对你来说就并不容易。另外,当我们心情不好时,我们往往会想要躲起来,出去见人会变成一件压力很大的事。关键在于,要同令你感觉好的人、你信任的人、与你有共同的兴趣与价值观的人建立联结。即便感觉上很难，努力创造和维持联结也是值得的，因为这会给你和你的心灵带来深远的益处。

支柱2：活动

我们都知道，锻炼会对身体健康有好处。既然大脑是一个身体器官，那么不出意外地，锻炼也对它有好处。锻炼使血液输送至全身，让你体内的器官、静脉和动脉顺畅运转（大脑中也有很多血管），带给你成就感，还会促进一些可爱的化学物质——内啡肽——的分泌，它们带来愉悦的感受，减少你身体的压力反应。锻炼也被证实能够改善大脑功能，以及包括注意力、专注力、新信息学习等在内的认知过程。

在任何年龄段，锻炼都有益，虽然我们可能会被关于锻炼的想法吓倒，可是，如果你把重点转移到保持"活动"，看起来就容易操作多了。只是到处活动一下，就可以转换心情，理清思路，获得成就感。不要因为有些活动不是传统意义上的"锻炼"就忽视它们——"动起来"可以是跑也可以是走，还可以是打扫、瑜伽、园艺、厨房迪斯科，甚至唱歌。长期来看，这些小小的愉快的活动，更有可能融入你的生活。

支柱3：觉知

　　大脑中的思考空间，有很大部分都被过去的经验和想象中的未来占据了。这并没有错：大脑在完成它的一些关键功能，如存储记忆、做计划、解决问题、预测。但是，有时候，本就有限的脑容量被这些活动占用了太多，你就会忽略此时此地正在发生的事情。从心理学家的角度来说，你需要对当下的感受和情绪有所觉知，才能发现问题并采取行动。

　　留意当下，还有助于调节应对压力的方式、启动身体的镇定系统，对健康也有长期的好处。这正是瑜伽、正念和冥想的内在理念。你可以在日常生活中用这样的原则去促进自己的觉知。可以是非常简单的练习，例如将注意力完全放在当下所处的环境或你正在做的事情之上：散步时留意树叶的颜色，或下厨时留意食材的各种性质，比如气味、质地或颜色。你还可以觉知自己的身体，去理解自己的感受和需要。比如说，在工作的时候，时不时地停下来，想一想自己的身体感受如何。它需要休息吗？还是想要起来走走？用片刻的时间观察自己的呼吸。留意自己的思考模式——这样可以帮你决定，哪些想法要继续想下去，而哪些只要注意到并放走就可以了。

　　任何活动，如果完全吸引你，让你专注在当下，就都是有益的。创意活动就是这样的，无论是画画、制作卡片还是锻炼，都能让你专注在此时此地。对我来说，这项活动是羽毛球！我的全部注意力都集中在击球过网，打败我丈夫上。有些人的活动是写作、表演或唱歌。当然，所有这些活动还会为你的心灵带来成就感、愉悦感、社会联结等好处。

支柱4：学习

学习使你的大脑保持活跃，令它形成新的联系，而且可以给你一种目标感，帮助你想出新点子。研究表明，这不仅对你的感受有好处，对作为一个器官的大脑有好处，还有益于长期的身体健康（再次印证身心相连……）。随着理解能力的发展，大脑也在细胞水平上得以发展。我觉得这非常神奇，因此我把学习当作大脑的健身活动。

我们也可能会将学习与压力，乃至不足感、失败感，联系在一起。当我回想自己上一次的考试时，我依然能感受到那份压力。但是学习并不一定与考场考试、背诵乘法表、反复练习外语的各种时态有关，它与大脑所能发现的一切新事物有关。学习可以是阅读新东西、学习新词汇、发现新地点、尝试新活动、品尝新食物（最后这一点是我个人喜欢的学习）。我最近比较喜欢的学习方式是听播客和电台节目，它们让我思考，听起来也非常有趣、非常轻松，对大脑是一举三得呢！

支柱 5：给予

从根本上来说，人类是社会性的存在，大脑基本上也是为了镜像反映他人的情绪而设计的——我们感受到他们的痛苦，察觉到他们的不适——这样我们就能与之共情。如果你认为某个人很焦虑，他们也会让你焦虑。任何一个吱哇乱叫的学步娃娃的父母亲都能体会，要按捺住被感染的抓狂情绪，冷静地回应孩子，是多么困难。不过，尽管有时候这样的共情让我们不舒服，我们也可以用它来让自己感到开心：向他人给予。

你或许听说过"助人快感"（helper's high），也就是说，当我们为他人做了好事时，我们会感到愉快。研究显示，帮助他人对助人者有积极影响：我们有了更好的心情，疏解了压力，也加强了社会联结。助人还对生理健康有直接的益处，包括降低血压，似乎还能提高身心健康水平。实际上，给予所带来的好处，似乎比作为接受方所得到的好处还要更多。

"好吧，"你可能会说，"但我没有那么多闲钱去给别人哪。"让给予成为你生活的一部分，并不一定需要花钱。时间和关爱都是你可以给予的东西：花时间倾听他人，向他人伸出援手，发一封感谢信，告诉你的朋友他们对你多么重要。

如果你想做更多（而且有时间去做的话），可以尝试去做志愿者，捐赠食物，在当地公园帮忙种植小植物，参与当地学校的阅读小组，或为需要的人提供做好的饭菜。给予的方式多种多样，你只需要创造性地想一想，自己可以做什么，以及如何把力所能及的事情安排进你的生活之中。

> 练习

在生活中使用五根支柱

在下图中，填上你可以在生活中用到上述五根支柱的方式。充分发挥你的创造力，写下你在日常生活中可以如何践行这些原则。

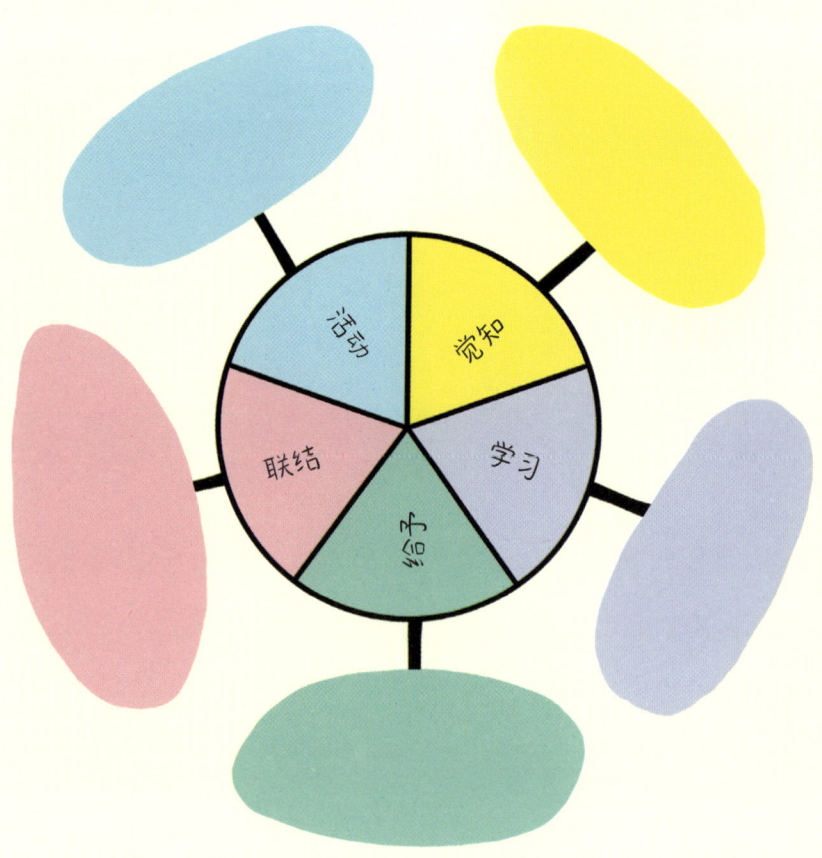

我珍视什么？

对你而言，什么是重要的？什么是有意义的？我不是在问你想要达成的人生目标是什么。我问的是，是什么让你觉得人生值得一过？是什么让你觉得，你把自己有限的时间和能量用在了最恰当的地方？的确，达成目标、取得成就或许是这之中的一部分，但绝非全部。关键在于，待人接物的方式与你的价值观相一致。把你的价值观放在生活的核心位置。

研究显示，用符合自己价值观的方式去生活，会让你的心灵更健康。让价值观与生活相连，会让生活有目标、有意义——这是人类的核心需要。它能回答"活着有什么意义"的问题，因为意义就在于投身于对你真正重要的事物。如果你曾因做某件事或别人做了某事而感到不舒服，那么或许就是因为那件事不符合你的价值观。价值观在一定程度上引导你选择要做什么事，并帮助你理解你产生特定感受的原因。

无论身处顺境还是逆境，你的价值观都伴你左右。我拥有一套准则与道德以指导我的职业实践，类似地，你也可以用个人准则与道德来引领你的生活。虽然你不一定知道生活中即将发生什么，但你可以按照自己的价值观去回应。生活充斥着无休止的抉择，小到你根本无需思考的决定，大到会产生巨大影响的人生选择。价值观未必使这些抉择变得简单，但可以是帮你做出更好决定的好用工具。

  我们在日常生活中往往不会去想价值观的问题。如果我的朋友问我，"嘿，埃玛，你的价值观是什么"或者"你今天有按自己的价值观行事吗"，我会觉得有点怪，因为我可能只想听他们说说最新的网飞剧怎么样。你可能在工作评价中思考过你的价值观，但在生活中，却不可能存在一个自动评价机制，时刻判断你的行为是否与你的价值观相一致。所以，现在我们就来做一下"生活评价"吧。

> 练习 1

我珍视什么？

　　价值观不是感觉也不是目标，而是贯穿你一生的行为指南。

　　想一想什么对你来说是重要的，在一张纸上把所有对你重要的事物写下来。可以参考"价值观之树"（见本书第21页）上人们普遍认同的共同价值，来启发你思考自己的价值观。下列这些问题也可以作为提示：

　　我希望人们记住我的什么？
　　回看人生路，最令我愉快的是什么？
　　我最看重他人的哪些品质？
　　我最开心的时候在做什么？
　　最让我感到充实和满足的是什么事？

　　回答了这些问题之后，你可能会发现，你的答案是有主题的。从中提取出对你而言最重要的四项价值观或主题，它们就是你作为指南的价值观了。我在这里把这个过程写得好像很轻松愉快，但实际上你可能要花点时间去发掘自己的价值观。因此，我在"拓展阅读"部分列出了一些可以进一步参考的资源。

练习 2

将价值观融入生活之中

现在,你可以想一想,生活中的哪些领域让你更能践行自己的价值观。比如说,如果社会联结是你珍视的价值观之一,你做了什么去践行这条价值观呢?你还可以做些什么去贯彻这条价值观?或许你可以给一个久未相见的朋友发条消息?

在下图的旗子上写下你在练习 1 中所认定的价值观。在每一座山的山体上,写下你能够在日常生活中践行这些价值观的方式。你可能已经在做一些事了。所以也要把这些事写进去哦。

请记住:小而易行的点子更容易实现。(我最近想到的一个点子是,只有在我记得带自己的非一次性杯子时,才买外带咖啡,这样就可以践行我的环保价值观。)

让你的价值观融入你的生活

练习 3

做决定——价值观路标

价值观路标的概念,可以帮你依照自己的原则指南做决定。在脑海中想象一块有两个方向相反的箭头的路标:一个箭头指向你的价值观,另一个指向反方向。这个具体化的想象可以从两个方面帮助你做决定:

(1)它可以帮你发现自己**何时**在进行选择,这样你就可以主动地去做决定,而不是简单地随波逐流。举例来说,下一次拿起手机的时候,想想这块路标,问问自己,你现在的举动,是让你沿着自己价值观的方向走,例如与朋友联络、帮你放松,还是让你与自己的价值观背道而驰,例如漫无目的地刷社交媒体、让自己感到空虚?

(2)它可以帮你做困难的决定,通过它的提示,你会去思考,怎样的结果更符合你的价值观。用这块路牌考虑一下,你所做的决定会带你走向何方。它是会引领你踏上你的价值观之路,还是与你珍视的价值观渐行渐远?比如,这份新工作能让你参与更多符合你价值观的活动,还是会迫使你参与与你价值观相左的活动?

第 2 章

生活的起起落落

　　有一些极其幸运的人，他们在一生中几乎不会遇到让人感到有压力的事件或者坏事。但是对于大多数人来说，现实是，生活常常向我们打出高难的变化球——有时甚至向我们扔石头——让我们的步伐起起落落，有时又要侧身，乃至调头。我们必须学会在这条路上找到方向，有时道路崎岖不平，我们也必须学会处理与之相关的各种情绪。无论我们多么努力地试图掌控自己的人生路，都仍有可能遇到意外的转弯、路障、死胡同，甚至是大地震。结果就是，在人生之路的旅途中，压力是几乎无法避免的。虽然说压力未必总是坏的，但有时候它会令你到达一种难受的境地：无论是实际层面还是心理层面，你所遇到的事情都超出了你的能力；这时你的人生路就带你来到了"超负荷区域"——在这里，你陷入混乱，失去控制，找不到前进的方向。本章聚焦于对压力的理解与管理，我们会使用到情绪容量杯（见本书第 29 页），并且教会你使用一些工具去应对生活中的压力事件。当生活真的朝你扔石头的时候，它们会派上用场。

情绪容量杯

情绪容量杯

为你自己倒杯茶吧，用什么样的杯子都可以。不喜欢喝茶？没关系，来杯啤酒或牛奶也可以。其实，任何用来喝东西的容器都可以——哦，除了浓缩咖啡杯和烈酒杯，太小了。好了，现在可以舒服地靠坐在椅子上，享用你的饮料了。停，先等一下！在喝之前，好好观察一下你的杯子，换种思维来想想。想象杯子内部的空间——它的容量是有限的，如果装得过满，就会溢出来。这个杯子代表了你的情绪容量。它就是你的情绪容量杯。

我们的情绪容量都是有限的。你做的每一件事都在往你的杯子里倒东西。日常琐事占据的容量可能非常小。要管好两个跑来跑去的孩子，则需要调动更多资源，所以占据的容量就更大。你的生活里，接下来有什么压力事件要发生吗？比如面试或身体检查？计划和考虑这些事，也会用到杯子的容量。甚至连好事，如筹划聚会或拜访朋友，也会用到一些容量。每件事占用多少容量，是因人而异的。

各种各样的事情往往是悄悄进入杯子的，在我们不知不觉间就会把杯子装满。压力事件会占据更多容量，因为我们需要用更多的时间、能量和大脑空间去思考它们。还有一些时候，你的杯子可能一下子就被灌满了。这就是生活向你投来重大压力源的时候。

随时留意你的情绪容量杯的盛装情况,可以让你更好地管理压力。水面越接近杯口,你的剩余情绪容量就越少。这意味着,对剩余容量的哪怕一点点动用,都可能造成杯子的漫溢。你是否有过被看起来极其微小的事情——例如打破一个玻璃杯,或便利店里的牛奶卖完了——搞到情绪崩溃的时候?或者被一些你通常可以轻松处理的事情突然压垮?这可能就是因为你当时已经没有那么多剩余的情绪容量去处理这些事了。

可能有点难以理解。明明是这么小的一件事情,为什么你的反应这么强烈?为什么你不能像往常一样轻松应对?当你的杯子还有很多空余容量时,这些事情所带来的压力微乎其微,因为它们只让水面上升了一点点。但是,当你的杯子接近满杯、到了红色区域时,你对状况的反映很可能就没那么理性了,你的情绪会来得更剧烈,制订计划和解决问题也会变得比平时更困难。此时,你告罄的情绪容量令你无法退一步、想清楚、处理事情。

练习 1

是什么在装满你的情绪容量杯?

在一张纸上画出你的杯子,然后写下杯子里都有什么,即,此时此刻,有哪些人和事物正在占用你的情绪容量。什么事都可能占用容量:担心别人、计划将来、工作和照顾孩子等日常任务,甚至包括饥饿或口渴。

每往杯子里加入一点东西,就画一条线来标示杯子被占用的水平线。被占用的量的大小是主观的,对一个人来说只需要一点点容量的事情,在另一个人那里可能就要用掉很多容量。不仅如此,同样一件事在不同的时期所占用的容量也可能是不同的。例如,如果你现在的工作时间比平时更长,那么工作所占据的容量就要比它平时所占的更多了。

或许对你来说,有这么一些事情,在日常生活事件的倾注之前,就已经占据了你杯子的许多容量。举例来说,如果你患有某种疾病,受到其症状的折磨,这就占据了你杯子的一部分。疼痛与疲惫也会使杯子里的水面上升,每天的情况随着症状的变化而有所不同。这样一来,你的日常情绪容量基础就变少了。意识到并确认这件事是非常重要的,因为由此你就可以更好地分配剩余情绪容量,合理地安排事情的轻重缓急。

把每件事都放进杯子后，杯子满了几成？还剩多少空间？看到占用你最多情绪容量的是什么，你可能会感到惊讶。给自己点时间，思考一下这件事，或者找个朋友好好聊聊。觉知到你的情绪容量杯，了解其中灌注的事物以及装了多满，你就可以积极主动地管理情绪容量，在杯子里的东西溢出前就采取行动。

练习 2

监控红色区域警戒线

当情绪容量杯接近装满时,我们对事情的反应就没那么理性了。我们的思路会变得更为强硬,我们会更易怒,我们会有更大的情绪、更强烈的情绪反应。对此,我们可以使用的小窍门是,留意警告信号:有些信号会告诉你,你的情绪容量杯快装满了。理想状况是,你可以在杯子快要装满前,在其中的黄色区域就有所察觉,这样你就可以避免让它漫溢。

用杯子示意图,思考并写下你自己处在红色区域(有漫溢的风险)时有哪些信号,以及当杯子真的溢出时,也就是在图中的泡沫里,写下你的超负荷信号。想想你自己的哪些表现可以作为线索,显示你在绿色或黄色区域里,正快速地向着红色区域上涨。黄色区域意味着你需要考虑情绪容量的问题了,可以开始思考如何在杯子漫溢之前,对情绪容量加以管理。

了解自己的情绪容量水平也有助于理解自己情绪的意义。当你的行为违背了你的预期或者与你的"人设"不符的时候,你可能会感到困惑或烦恼。比如说你因为自家小孩做了些根本无伤大雅的事而吼了他们——你这做法根本没道理,于是你觉得自己是差劲的父母,消沉不已。但当你退后一步,看看当时自己的情绪容量水平线在哪里，有时候你就能看清楚了。你的情绪容量杯已经因为一整天紧张的工作、紧赶慢赶着去学校接孩子、在路上遭遇路怒症司机而装满了——在红色区域，冒出杯沿，泡沫摇摇欲坠。结果就是，一件看似无足轻重的、你通常都能轻松应对的事情，让你的情绪容量最终崩溃了。想想你的情绪容量，虽然这样做改变不了已经发生的事实，但可以让你理解事实。这样，到了下一次，你也更容易辨别出容量告急的信号，并且在类似的处境中做出不同的处理。

每个人的杯子快装满时，出现的信号因人而异。当你的杯子越来越满，你可能感觉到肩膀紧张，或者呼吸困难。通常情况下，你会感到紧张、超负荷、失控，或者发现事情变得难以处理。留意到这些信号，你就会更敏感于自己的杯子装了多满及其原因，这样你便能够做出相应的行动了。

练习 3

该行动了

你脾气差,压力大,负担重。太棒了——你注意到了黄色区域的信号。看起来,你的情绪容量杯就要装满了,是时候做点什么了。这里有三种方法,帮助你在杯子漫溢、整个人崩溃之前管理情绪容量:

(1)摇一摇

把你杯子里的东西丢出去一些。里面有没有什么事是可以扔掉的?你是否可以用一些不那么累人的事情将它们替换掉?你是否可以叫人来帮帮忙?有时候我们很抗拒把杯子里的东西丢出去,是因为我们觉得自己应该有能力一肩扛起所有,而如果没做到,我们就认为是自己不行。但是,丢一些东西出去,其实是积极应对的一种形式,因为这样你就可以集中精力去做真正重要的事情了。

(2)不就是不

该说"不"时就说"不"。如果你的情绪容量杯已经接近漫溢,就尽量不要再让更多事物进来了。在让新东西进来之前,先问问自己,它会不会让杯子漫溢。如果答案是"会",那么就请对那个新东西说"不"。当然,这不是总能行得通,说"不"也可能很困难。但这是一项需要学会的重要技能。

(3) 照顾好自己

花时间在自己身上,可能看起来像是在浪费宝贵资源,你可能会误以为这对你的情绪容量有所损害。一个经典案例是,你可能因为手头事情太多而错过了午饭。然而,照顾好自己,事实上会提升你的情绪容量,因为你的压力会随之降低,还会释放更多脑容量。试着花点时间,鼓励自己养成好的睡眠和饮食习惯,有规律地休息,做点让自己感觉愉悦的事情,因为这些都可以让你更好地处理杯子里的一切,同时降低你的压力水平。

你的缓冲层由什么构成?

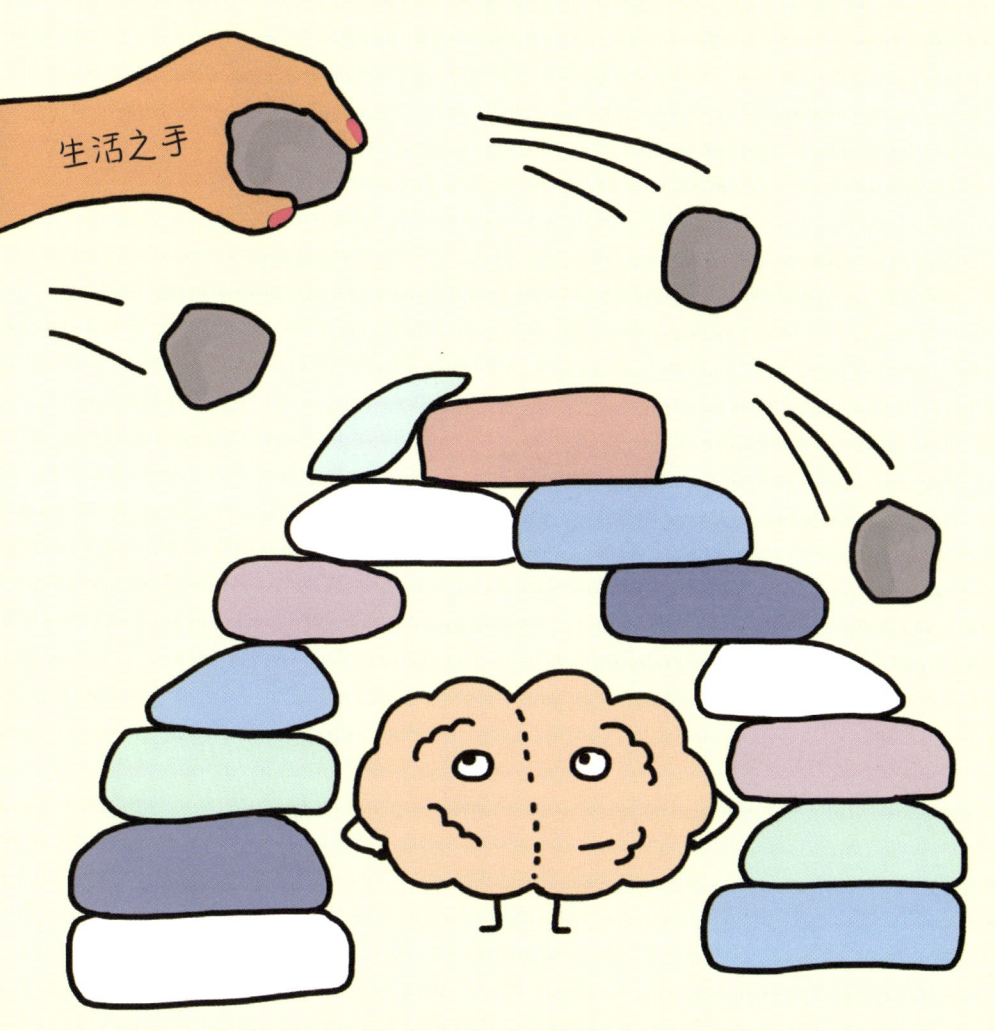

当生活朝你扔石头

在人生的道路上,不被扔几次石头是基本不可能的。这些石头可能大也可能小,会产生的影响各不相同,扔来的方向也五花八门。

如果我们很少经历难事,我们可能会以为,生活中的坏事都只会发生在别人身上。这意味着,当坏事真的发生在我们自己身上时,我们会感到震惊。与此同时,经历过一次困境的人,则可能会因为察觉到坏事再次发生的信号而过度警戒。你过去的经历让你的大脑为了保护你而时时留意相同的情形。但当压力事件和困难事件真的来临时,还是会出现难过的情绪,因为我们总想弄清楚事物的意义。这是对超出日常的意外事件(但愿如此)的正常反应,完全正常。对困难的情绪有所预判和理解,不一定会让这些情绪变得更容易承受,毕竟难过的感觉就是很难过啊。但或许,你可以让它们不要变得更难过。

生活中的压力事件往往带来改变,我们必须调整自己去适应改变。我们得在人生之路拐弯时学会调整自己的方向,这样才能以最有意义和最高效的方式,在这条新路上继续奔驰。改变的往往不只是我们的日常生活,我们对未来的预期也会被打乱。有时候,困难事件会动摇我们的核心,让我们质疑自己的自我认同、应对策略，甚至人生信仰。

应对策略是指你迄今为止所学会的管理生活的方法，用来辅助你应对这个世界。它们可以生成一个保护层，在生活向你扔来石头时，起到缓冲的作用。有时候，要做的是筑起自己的保护墙，然后在需要更多支持时记得使用它。还有些时候，你可能会发现，你原有的应对策略虽然在过往经验中表现优异，但面对一些新情况时却不好用了。这时，你就要对策略做出调整了。

练习 1

筑起你的保护墙

有时候压力很大，让你想要躲到一块大石头下面。事实上，找块岩石（或者，更好的选择是一块舒服的毛毯）躲起来，有时的确是正确的应对策略，比如当你的情绪容量杯装满，需要休息的时候。但在其他情况下，逃避只会增加你的压力，因为逃避意味着你没有使用应对策略，也就无法从中获益。这时，就值得好好想想，让你从"岩石"下面走出来所需要的短期的不适与努力，可能比待在原地更有帮助。

有时候，生活让你的应对策略难以完全施展。你可能需要找到一个折中的办法，让自己既能感受到其积极作用，又不必投入太多精力。如果你知道，锻炼身体会让你心情好起来，但你当下又没准备好去健身房，那么就可以试试简单地出去走走。你喜欢跟朋友们说话，但此刻无法面对他们，那么能否只见一个信得过的朋友，或者给朋友发条微信？使用应对策略最好的方法之一，就是灵活地思考，能否用稍微不同的实操方式，让自己依然在一定程度上从中受益。

想想看，你的缓冲保护墙都包含什么内容，并写下来。压力事件到来时，你会使用什么应对策略来降低其影响？感受到压力时，你可以时常回顾这张图，提醒自己使用你的应对工具。

清理你的大脑

练习 2

大脑清理术：辨认你的感受

经历人生中的重大事件时，你情绪容量杯的水面可能上升得很快，不久就来到了漫溢点。在这个阶段，你的情绪可能会像毛线团一样缠在一起。你感觉大脑混乱又糊涂，你的情绪和身体感官可能都感到紧张，进而导致你整个人或是手足无措，或如惊弓之鸟，或是麻木不仁。你已经做不到退一步反观全局，所以对你而言事态似乎已失控，你可能又会因为自己难过的情绪而责备自己，忘记了这其实是自然的反应。这些又会使你更加难过，而更好的选择是，识别你的情绪、确认它们，在困难的人生阶段里对自己善良一点。

试试下面这个大脑清理练习，让我们开始理解自己的感受及其原因。我们不是要设法甩掉情绪，我们的目标是认出情绪以及促成情绪的各个因素。我们也需要退后一步，在具体外界生活事件的语境之下看待自己的状况，而不是把一切都内化，认为都是自己的错，开始自责。

（1）在上一页的插图中写下你头脑中正在运转、占用脑容量的任何东西，可以是感受、想法、担忧，或只是日常任务。在每根线头旁写下其中一项。这是对大脑的倾倒，把脑海中的一切搬到纸上。所以，将你想到的一切都写下来吧。

（2）一旦你知道了自己大脑里都装了些什么，处理它们就会变得简单。你可能会想到一些可以采取的小行动，也可能你会发现这本书其他章节里提到的工具可以拿来为你所用。总而言之，我们的主要目标是，把你的感受用语言说出来，把你心灵的线团清晰地表达出来。

练习 3

技巧升级

在压力很大、负担很重的时候,我们可能会进入一种过度焦虑、无法行动的状态。这经常导致的结果是,我们忘记照顾自己——不做午饭、不休息、不去做让自己开心的事。我们也更可能会寻求快速的补救方法:比平时灌更多咖啡、喝更多酒;吃很多东西,可能嗜甜或摄入大量碳水化合物,通过这种方式迅速补充能量;动动手指,冲动网购。这些做法本质上都不是坏事情,可能也确实会带来短期的放松,这没什么。但有时候,长远来看,如果我们养成了习惯,依赖于这些做法,那就可能让事情越来越糟糕了。所以,明智的选择是,培养更加可持续发展的修复方式。

可能你会觉得有点浪费时间,但如果在高压时期你的技巧有所提升,好好照顾了自己,那么你的情绪容量就会扩大一点点,让你能够度过这段艰难的时间。退一万步讲,这是你能做的在你自己掌控之内的事情。所以**不要**错过早餐,在前一晚就把早餐准备好。准备好第二天要带的水杯。午餐时间拿出 15 分钟散散步。回归最基本的环节,滋养你自己。这些小事的回报是递增且持久的。它们不会赶走你的坏情绪,也不能让压力状况消失,但它们可以支持你、保护你,让你

汹涌潮水中可借力的浮标

不至于向下沉沦。我会把它们想象成水中的浮标,让你保持漂浮,不会继续下沉,帮你在逆境中寻找方向。

想一想你可以如何更好地照顾自己。或许,在高压之下,或高负荷时期,你丢掉了一些有益的习惯,或者转而形成了其他没那么好的习惯。在每一个浮标里写下一件易于做到的、能帮助你保持漂浮的小事。

情绪在……

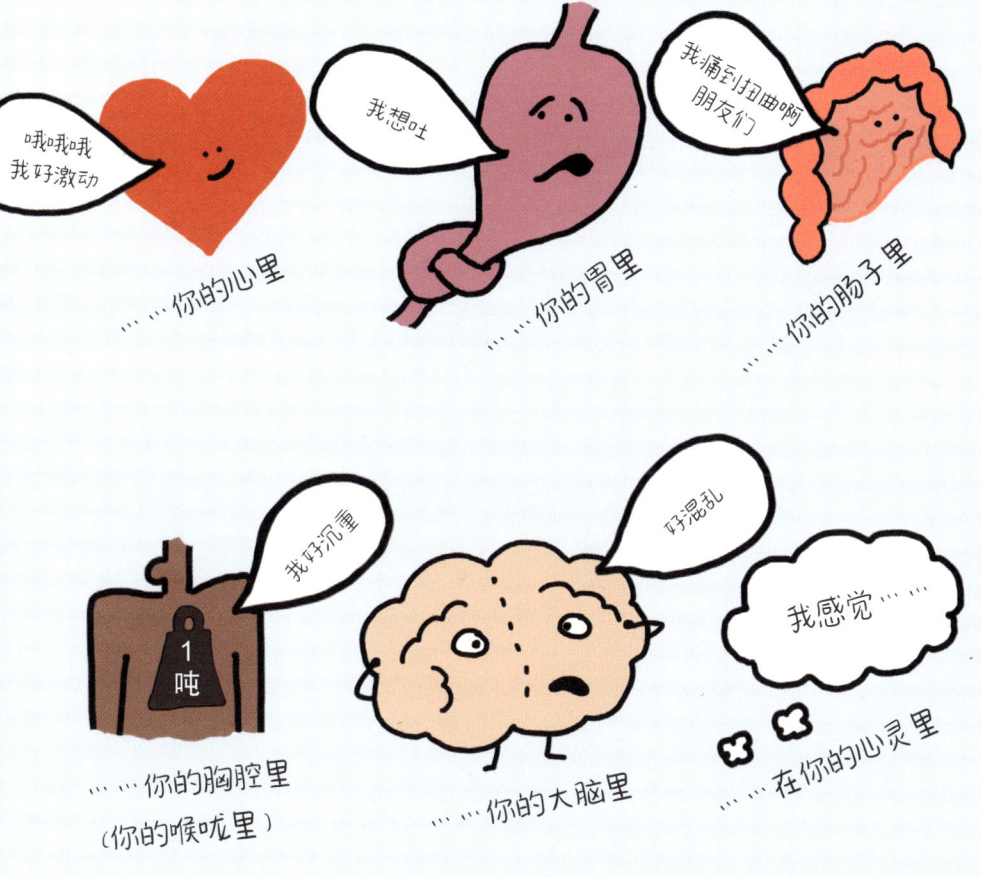

第 3 章

你，你的大脑，还有你的情绪

人之为人，意味着我们会经历情绪，以及在情绪中理解我们的经历。无论你是谁，无论你在哪里，无论你在做什么，情绪都伴随着你。实际上，情绪往往引导着你，左右着你，令你的处境成为其所是的样子。在你人生中最美好的时光里，情绪伴随着你，让你走上狂喜的巅峰，沐浴在荣光之中；在最坏的日子里，情绪也伴随着你，让你尝尽生活的悲伤、苦涩与渴望。有时候，情绪是受欢迎的客人，让你如沐春风，帮助你享受好处、规避风险；有时候，你也会希望它们识趣走开，让你一个人静静。情绪是不可避免的、变动不居的、有时难以预测的、混乱不堪的、复杂难解的——但它们是构成我们的本质的一部分。本章将探索情绪是什么，并介绍一套理解与回应你自己的情绪的方法。

情绪（仅列出一些）＊

＊因为一页列不下几千种

负面情绪的意义是什么？

好吧，我们每个人都会经历情绪，生而为人，这是无法避免的。可是大脑为何被设计成会产生坏情绪的样子呢？坏情绪可是会让人难受又痛苦的呀！我们如果理解了情绪的工作原理，就可以开始个性化地解读自己的情绪，并把这方面的知识应用起来，照顾自己了。

首先，让我们看清一个迷思：如果有人告诉你，情绪只发生在心灵之中，那么他们错了。情绪还发生在身体上——感受和生理感觉都是情绪的根源。如鲠在喉，心头一暖，脖颈发热——这些可不是你想象出来的，而是真实发生的生理感觉。所以说，情绪是你身体中的感受与感觉，但并非所有感受都是情绪。

就其内部来讲，你的身体一直都在运动之中。也就是说，身体的感觉或感受的强度一直在波动。大脑和身体协同运作，彼此沟通，让你能够睡觉、吃饭、伤口愈合、高效使用能量、对环境做出反应。大脑从身体之中读取并解码感觉，因此你才能做到上述这些事情。除此之外，你的大脑还会在试图预测你的需要、让你的身体保持平衡状态（恒常性）时，创造出一些感觉，以确保你的各项功能运转良好。

你的意识只能觉知到这些感觉中的一部分，特别是活跃的高峰，以及它们带来的感受。这些感觉有的标志着饥饿、疼痛、需要如厕、吃得很饱。一些感觉令人愉悦，另一些则让人不快；一些感觉让人平静，另一些则使人激动。当你注意到它们时，你的大脑就在努力理解这些感受，以便知道该做些什么。是饥饿、口渴、疼痛、爱，还是忧虑？你的大脑在说着："你的身体里到底在发生什么，而我又要为它做些什么呢？"如此，你的大脑一直都在对感受做出回应，而其中一些感受我们称之为情绪。

情绪是我们用来理解和认识一些内在感觉的构念。命名并理解一种情绪，让你能够运用自己的意识，退后一步去审视它，在你和各种身体感觉之间创造出一个缓冲区域，让你能够反思、反应。所以说，情绪不是全都发生在心灵之中，而是在心灵中被赋予了意义。不一定是心灵决定物质，而更多是心灵理解物质。

情绪处在我们脑功能的核心位置，在决策、记忆、语言、关系建立、与他人的交流和理解中都有所贡献。有时候我们会为这些过程贴上积极或消极的标签，依据是我们感受如何，但它们只是大脑理解你生活于其中的感官世界的方式而已。虽然你可能会试图忽略那些让你颤抖、崩溃、僵硬、磕绊的情绪，但了解了自己的情绪，你才可以调节情绪，知道该如何对待它们，并创造出其他更有益的感受。你才能够驾驭情绪的浪潮,而不是被卷入浪潮,被它拖着走。

大脑并不完美——在努力把握模式、快速反应的过程中,它有时会出错。情绪会驱动我们的行为,有时是朝着无益的方向发展。因此,情绪可能很棘手,但它们的美妙之处在于,它们的路径并非一成不变。它们是乐于学习的学生(尽管有时会花很多时间),而你可以影响自己的情绪,选择如何应对它们。

因此,下列练习的目的并不是要摆脱情绪,因为你越是试图把它们打包扔掉,它们就越会出其不意地跳出来。我们的目的是理解情绪,把它们看作理解事态的线索,在它们出现时及时识别,并思考如何才能最有效地应对它们,利用它们来实现我们的目标。

> 练习 1

情绪温度计

我们不会对身体感觉的所有变化都有所察觉——感觉的高峰更容易引起我们的注意,因为它们就像巨大的噪声一样,迅速闯入我们的意识。提高在一些特定时刻对自己感受的觉知,我们便可以开始对自己的感觉和相关情绪有更多了解,从而更明白该如何应对。

请使用下页图中的情绪温度计来帮助你留意和思考自己的感受,以及这种感受的强烈度。可以想一想身体上的感觉,也可以试着命名你的情绪(可以同时进行本书第 57 页的下一项练习,对这个步骤有帮助)。温度计越高的位置,意味着感觉越强烈。在刻度上将强烈度标记出来。

情绪在一天中都会有波动,更不用说一年间了。所以,试试看,在一天中的几个时刻监测自己的感受,或者在一天结束时,对这一整天的感受进行一个反思。也可以参考情绪温度计来帮助了解自己在某个特定时间点的感受,特别是在压力很大或感受非常强烈、你想要搞清楚其来龙去脉时,这个方法会很有用。

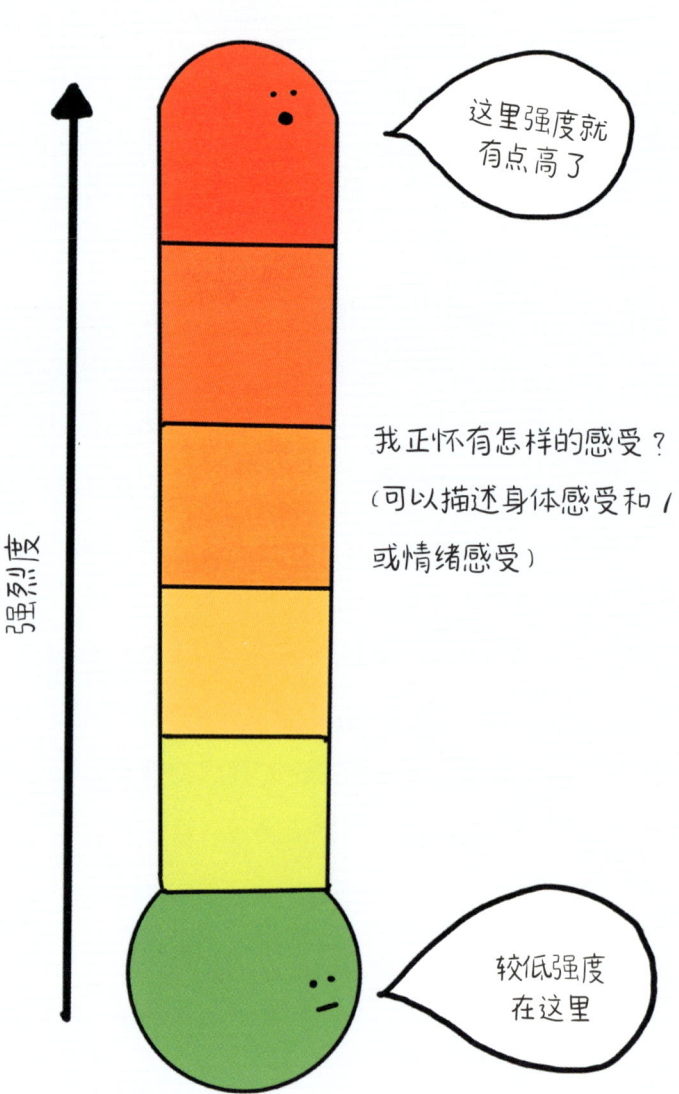

练习 2

命名情绪

你越能觉知并理解自己的情绪，就越能对其做出有益的调节和反应。"情绪颗粒度"这一概念是指你对情绪的细化程度，或者说对情绪的定义和理解程度。也就是说，除了基本的"好/坏""快乐/悲伤"之外，还要拓展情绪词汇，这样才能更准确地描述和理解自己的感受。为情绪命名、为你的感受创建一个概念，有助于理解它，并创造出一个缓冲区，让你与它分离，而不是被它定义。

那么，让我们来玩一个"命名情绪"的游戏吧。以本章开头的插图（见本书第 51 页）为起点，写下你感受到的任何情绪。这个练习在任何时候都可以做，但在经历大的或难以理解的情绪时，它可能会特别有帮助。用上你想要用的任何词——你知道的、你听说过的或者你编造的词汇，尽可能准确地描述你的感受。不过请记住，情绪不是孤立存在的，你可以同时感受到很多不同的东西。参考这些提示来引导你：

我的感觉如何？

此时此刻，这种情绪让我觉知到我的哪些需求？

我能做些什么来满足这些需求？

我怎样才能对这种情绪做出有益的回应？

> 练习 3

接纳困难感受的四个步骤

心情不好或压力过大并不是件好事——它可能让人感到恐惧和危险——我们可能会试图摆脱这种情绪,想要关掉它或回避它。但这样做可能会适得其反,因为它往往会以其他方式找上你——噩梦、身体感觉甚至疾病。无论我们**想不想**感受这些情绪,它们都会发生。有点讽刺的是,研究表明,试图压抑情绪实际上会产生更大的生理应激反应。识别、命名和理解情绪,而不是将其视为我们无法控制的可怕存在,有助于我们更有效地处理情绪。这似乎有违直觉——我们需要感觉不好才能让自己感觉良好?但这正是研究证据所指出的。比起将这些感受束之高阁,去觉知、接纳并理解它们,才更有助于情绪的调节。

需要提醒的是,如果你长期压抑着难以排解的情绪,开启闸门去思考它们,可能会让你非常不安和无措。如果是这种情况,请考虑在一个安全的空间与人交谈,比如找一位治疗师或咨询师,让他们帮助你以适合自己的节奏处理这些感受。

以下四个步骤可以帮助你转变状态,从与困难的感受进行斗争,转变为接纳困难感受:

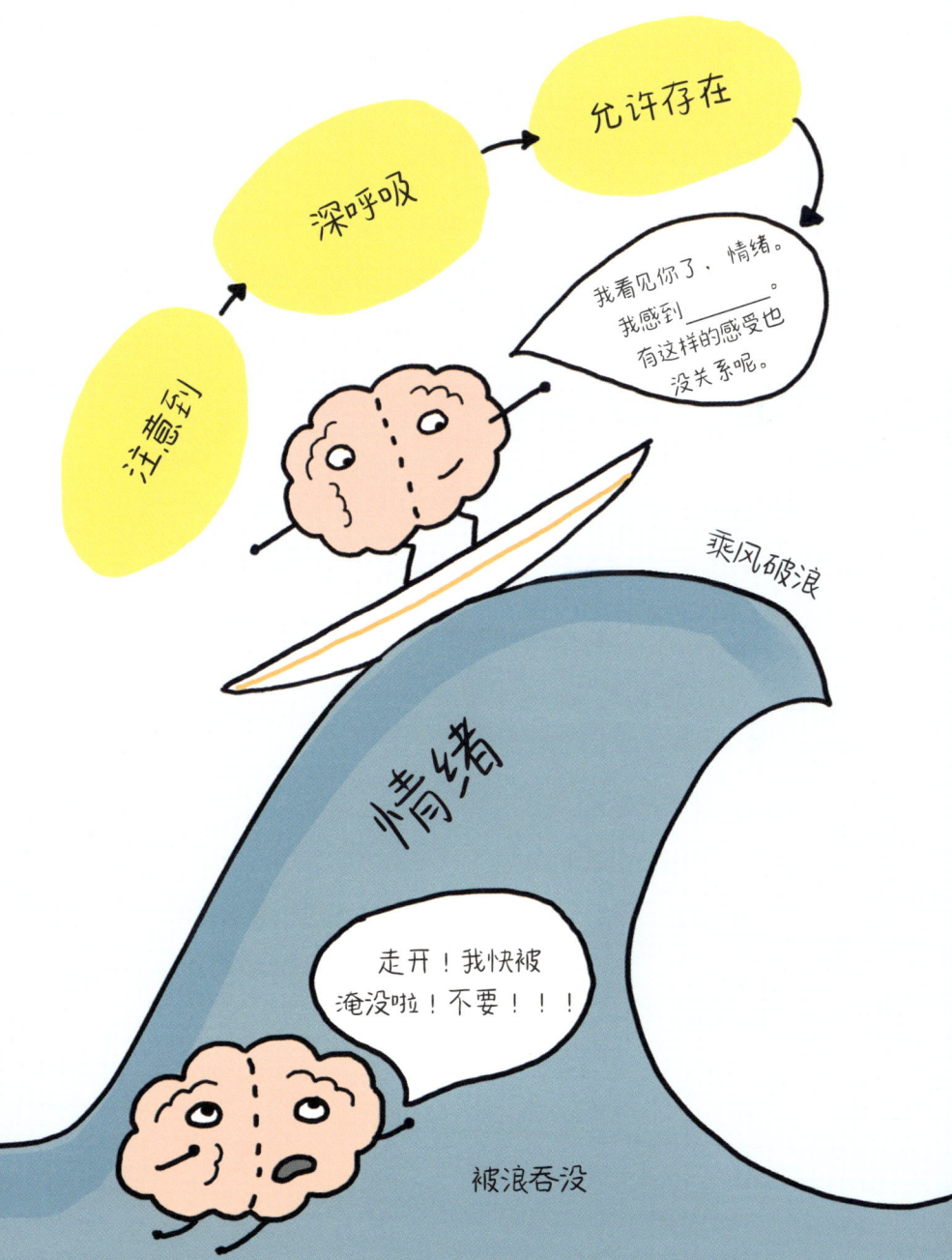

① **留意身体的感觉。** 你是在身体的哪个部分感受到情绪的？感觉如何？

② **继续观察感觉，同时深长地呼吸。** 缓慢的呼吸会激活身体的休息和放松反应（见本书第139页的"呼吸就好"练习）。请留意身体的感觉是否有波动或变化。

③ **允许感觉存在。** 不要评判它。如果有变化，那就是有变化；如果没有，也没关系。就请你观察和允许感觉的存在，而不是忽视和推开它。

④ **用有用的语句提醒自己。** 你的大脑可能会不由自主地回到对这种感觉加以评判或担忧的旧有模式。用一些支持性的语句来提醒自己，有这样的感觉也没关系：这些都是生理上的感觉，来得快去得也快，因为你的身体和大脑会尽力满足你的需求。

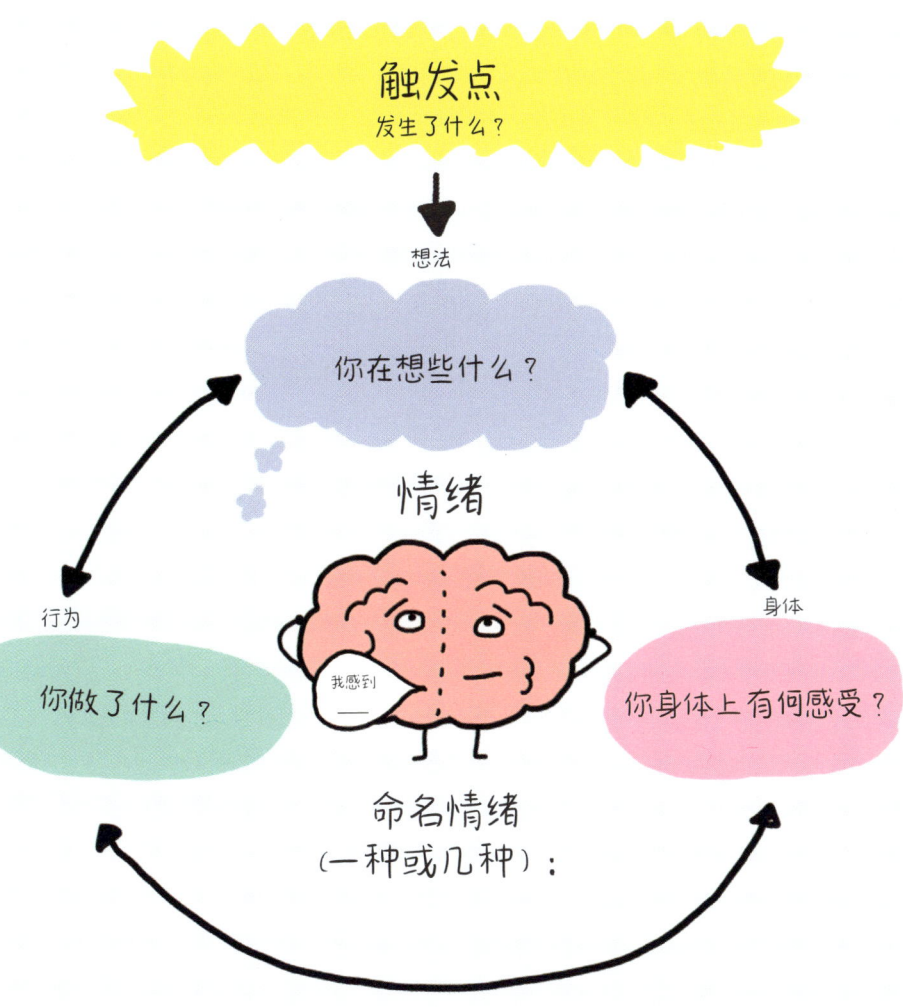

情绪周期

当我们体验到一种情绪时,我们会对它做出反应。即使选择不对它做出反应,这也是一种反应。我们的反应方式很重要,因为它既可以对我们的情绪体验起到正面的作用,也可能造成负面的循环,伤害我们的心灵。在这部分,我们将使用情绪周期来了解情绪如何影响你,以及你的反应如何影响你的情绪。

我们的情绪在一天、一周、一年中都是起伏不定的。在一天之中,我们经常会心情好、心情差,以及经历介于两者之间的各个阶段。有时,我们可以在不知不觉中轻松调节身体感受,让自己的感觉好起来。在生理基础的层面上来说,如果我们感觉饿,我们就会吃东西。如果我们感觉疲倦,就急需咖啡因来提神。我们也会调节自己的心理感受,也就是情绪。如果我们感到无聊,我们可能会休息一下,或做一些比较有趣的事情。如果我们在一天漫长的工作后感到有压力,我们可能会坐在沙发上,打开一部精彩的电影,放松一下。在所有这些情况下,我们都察觉到了自己的感受,意识到有些东西需要改变,并做了一些事情来帮助调节或改变它。

当我们注意到自己的情绪时,我们会对它们做出反应,有时是主动的,有时是被动的,有时也试图忽略它们。了解自己的反应很重要，因为它们可能产生有益的结果，也可能带来无益的后果。我们也可能在不知不觉中自动做出反应，陷入重复的行为模式。有时，我们既难以确认某种情绪需要调节，也不知道怎样调节它才最好。

请使用本书第 61 页的"情绪周期"来帮助理解情绪如何影响你的思考、感受（身体感觉）和行为。也可以使用它来思考，你是如何对情绪做出反应的——针对思维、感受和行为——以及你的反应是否是有益的。要下定论可能很难，因为有时一些事情会让我们在短期内感觉很好，比如吃了一包薯片（是的，我说的就是我自己），但从长远来看，却会让我们感觉更糟。使用这个框架可以帮你了解情绪本身和你的反应方式，并辅助你想到一些别的有益的反应方式。

> 练习

利用情绪周期

宽泛而言,你对情绪的反应要么形成一个有益的周期,要么形成一个无益的周期。了解了自己的情绪周期,你就能够识别到它何时是无益的,并有动力去考虑其他的应对方式。可以使用本书第 67 页的图和下列步骤,来摸清你的情绪周期和反应——这些反应是把你带入了情绪的死胡同,让你为情绪所困,还是帮助你找到了对情绪做出有益反应的途径?

第 1 步
确认情绪(和触发点)

首先,使用情绪周期来回答"我的感觉如何"。你可以使用任何你想要的词语:差劲;悲伤;糟糕;压力,因为你选择了今晚要看的电影;或者担心,怕别人不喜欢你选的电影。你可以使用任何你想要的情绪描述词,因为你的感受属于你个人。把这些填在图中央。记住:感受没有对错之分。你的感受就是你的感受。我们并不是要摆脱情绪,因为我们知道我们需要情绪。我们的目的是找出它们,从而了解如何应对它们。

如果你能确定是什么引发了这种情绪,那就太好了——把它写下来。如果不能,也不用担心——我们并不总能轻易找出情绪的触发点,我们稍后会进一步讨论这个问题(见"触发不开心",本书第 83 ~ 91 页)。

第 2 步

想法——搞清楚你当时在想什么

找到你情绪的触发点了吗?看社交媒体是否让你觉得其他人比你过得更好?对喽,你已经确定了你的触发点——社交媒体上的帖子,以及你的想法,"其他人比我过得更好"。这可能会引发其他想法,比如"为什么我总是什么都做不好"。请尽可能多地写下你的想法。

第 3 步

身体——你的情绪对你的身体造成了什么影响?

现在,你已经确认了自己的情绪,那么请想一想,你的身体感觉如何。写下你身体内部的感受。你的脸红了吗?是否心跳加速?

第 4 步

行为——想想你做了什么

记下你对情绪的反应。你是否继续看社交媒体,也就是说,让这种情绪继续影响着你?还是做了其他让你感觉好一些的事情?

第 5 步

你的反应有多大帮助?

最后,试着想一想,你在第 4 步中的反应是否有帮助,或者是否造成了无益的循环,让自己感觉更糟?我们应对情绪的办法可以减轻情绪对我们生活的影响:我们可以调节自己的情绪,甚至创造其他情绪来打破这种循环。

情绪周期

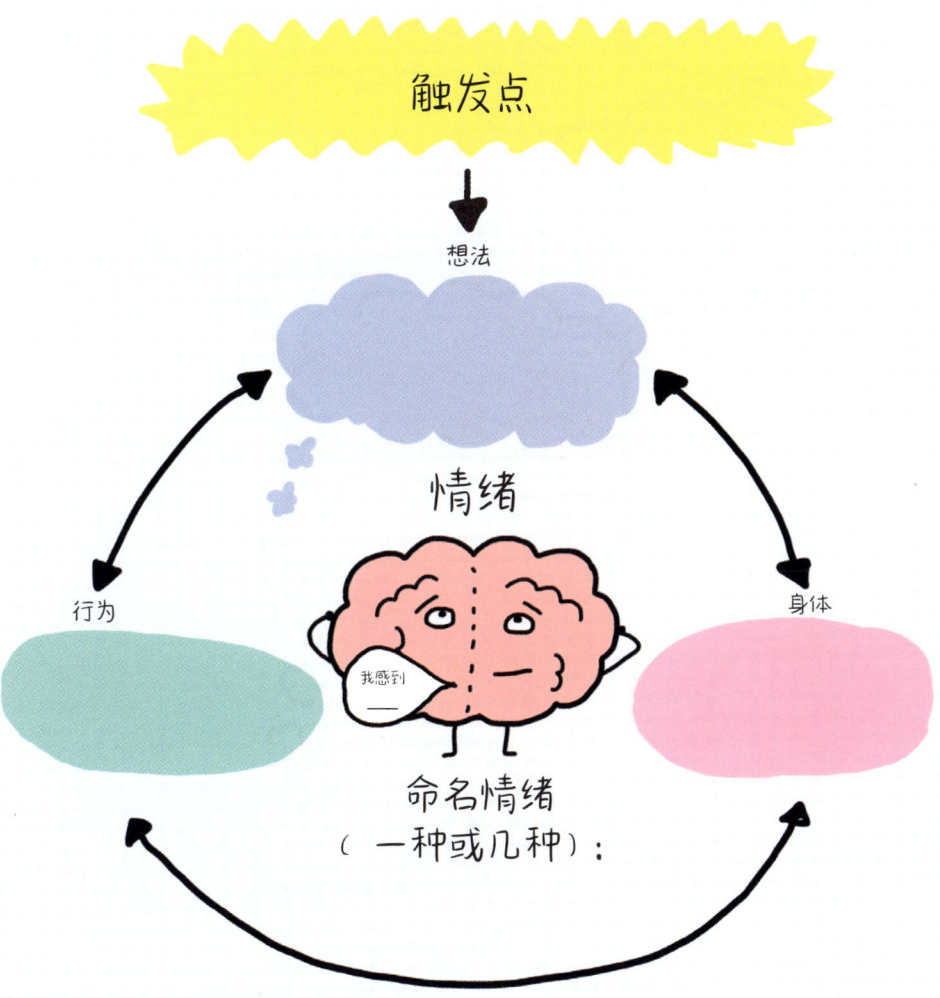

你真可耻，情绪！

可怜的情绪，它们的名声不太好。情绪产生时，我们指责它们，羞辱它们，也羞辱我们自己。可是，只要我们有大脑，只要我们是人，我们就会有情绪；这就像责备植物生长、动物进食或鸟类飞行一样。大脑在做它从进化中学会的事情，而我们却责备它。我们责备自己拥有一项赖以生存的基本功能。这有点愚蠢，不是吗？

情绪的部分问题不在于情绪本身，而在于我们如何应对情绪。在心情已经很差的基础上，我们还因为这种心情而批评自己，从而让自己更加难受。我们制造出消极的旋涡，让不愉快的情绪制造不愉快的情绪，再制造不愉快的情绪——像凹面镜一样，循环往复，永无休止。就好像心情不好还不够，我们还要让自己因为心情不好而心情更差，接着这种心情又让我们的心情变得更差。

我们不必追溯太久远的历史，就能理解情绪为什么饱受诟病——即使在近期，人们有时也很缺乏对心理健康状况的了解，相关治疗不仅难以获取，甚至还可能是惩罚性的。过去的阴影不会很快消失。它们阴魂不散，并继续在社会和个人层面影响着我们今天对情绪和心理健康的态度。对于心理健康和情绪体验，仍然存在着许多污名化现象。作为个体的人，我们将这些文化信念融合进自己的个人信念中，从而影响我们对情绪和心理健康的态度，以及我们对自己的情绪做出反应的方式。

我们会因为自己的感受而责备自己："你不只是悲伤，因为你悲伤，所以你很可悲。""你不只是焦虑，你不正常。"我们拆自己感受的台："我没有心情不好，我只是装出来的。"我们认为，有情绪就意味着我们很无能，我们很愚蠢，我们很没用。可是实际上，我们有情绪，往往只是意味着，我们遇到了一个令人痛苦的状况，所以我们感到痛苦。有时候，我们的大脑甚至会狡猾地编出一些批评，看起来好像很有帮助或很振奋人心的样子："浇自己一盆冷水就好了""战胜它""振作起来"。但在这些看似有用的包装之下，我们继续否认自己的情绪，也否定感受到情绪的我们自己。

我经常听到这样的说辞。有时我所做的工作就是，关注人们是如何将自己的情绪解释为一种威胁，或解释为我们本身就有这个毛病的。结果，我们引发了一连串的感受和情绪，让自己的感受越来越差。

> 练习 1

你赋予情绪以什么意义

下一次心情不好的时候,不管是什么情绪,花点时间停下来留意一下。记得用情绪周期中的工具(见本书第 61 ~ 67 页)来帮助理解和定义情绪。现在,让我们来更进一步:想一想,你赋予这种情绪的意义是什么。你为拥有某种情绪而批评自己了吗?你在说你不应该有这种感觉吗?你在说这不正常吗?

想想对情绪的这种解读让你感受如何。它是否加剧了最初的情绪,让你心情更糟?如果是这样,你就发现了旋涡的肇始,一种情绪引发更多的情绪,再更多的情绪,无穷无尽。

这样的思维模式可能发生得非常快速,也可能已经长期与你的情绪体验密不可分,因此很难将其剔除。去发现它们,并且把它们从大脑中的藏身之处揪出来,付出这些努力是值得的。因为你一旦知道了它们存在在那里,就可以对它们采取行动了。只要你知道,你就可以化解它们的力量,并开始建立不同的反应方式。

> 练习 2

让想法来到聚光灯下，选择你的舞伴

在练习1中，你已经了解了对自己情绪的批判性解读，并将其暴露在你注意力的聚光灯下。将这个想法写在上页插图中上方的泡泡云内。

把你的解读放在聚光灯下，然后退后一步，你就可以开始消解这种想法的力量。你不必因为它存在就听它的、相信它，或让它成为你的探戈舞伴。相反，你可以认清它的本质：它只是一种想法，而不是事实。你甚至可以和它谈笑风生，求同存异。比起试图完全忽略这个想法，上述做法才是让它罢休的更优解，因为我几乎可以保证，如果你努力**不**去想某件事情，你最终会想得更多。

一旦这些想法失去了力量并开始萎缩，它们就会在你的聚光灯下留下一个缺口。你可以根据对情况的客观判断来填补这个缺口。选择一些你愿意听从的、信任的、让你能以更有益的方式去对情绪做出反应的想法，让它们当你的探戈舞伴。把这些想法写在下方的泡泡云里。以下是经历情绪时可以对自己说的一些想法：

有这种感觉没关系的。

情绪是人类的一部分，是正常的。

有情绪不是软弱的表现。

解剖焦虑

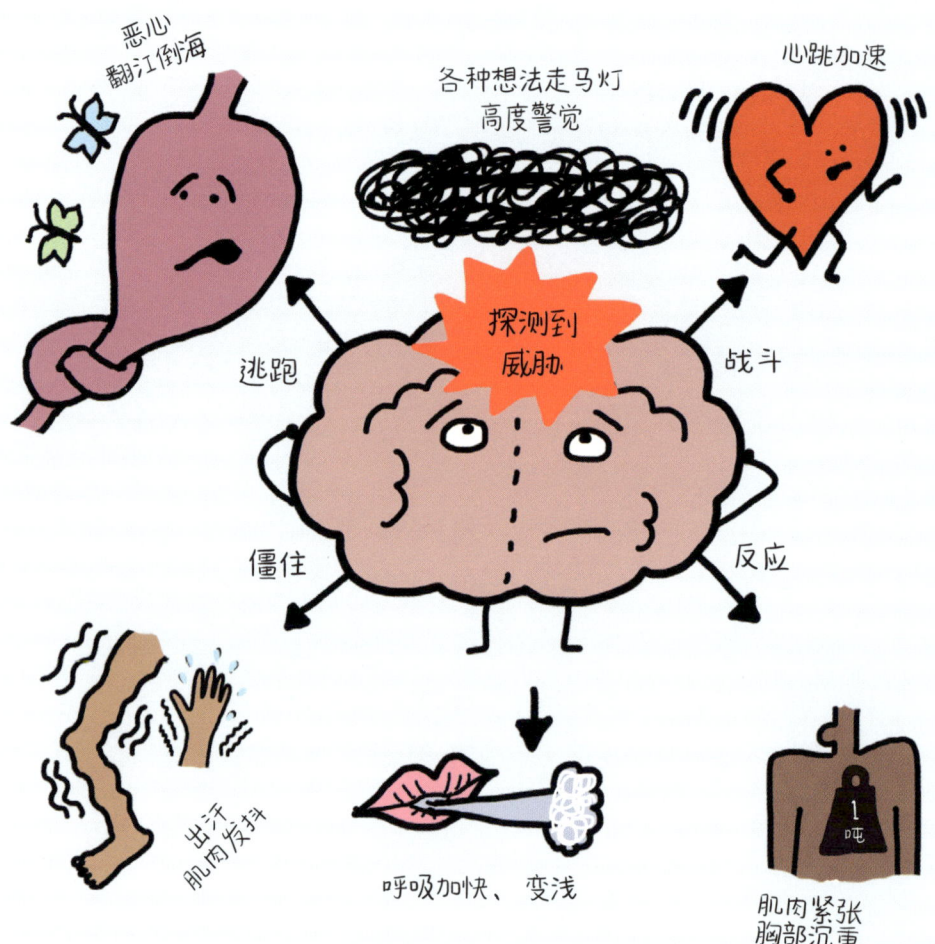

焦虑警报

焦虑是对生活影响很大的一种情绪,因为它与压力有本质的联系,而压力在生活中几乎不可避免,并且关系着我们赖以生存的一个关键的身体系统——交感神经系统。我一直认为这个系统的名字起错了,因为在我看来,它跟我之间好像并没有什么"交感"。㊀交感神经系统会让我们的身体产生

㊀ 交感神经系统的英文名称是 sympathetic nervous system,直译为"同情神经系统"。作者此处想说的是,这个名为"同情"的神经系统,看起来对我们并没有多少同情。——译者注

各种不愉快的感觉：双手发麻、胃部翻滚、肌肉紧绷、呼吸急促，这算什么交感？当我们的情绪强烈（包括压力和焦虑）时，我们的身体就会让我们做好行动的准备，也就是"逃跑""战斗"或"僵住"反应。

随着理解的加深，我意识到自己对交感神经系统的判断有误，实际上它的交感程度远比我想象的要高。交感神经系统是自主神经系统的一部分，后者控制着那些维持我们功能运转的无意识过程。它通过激发肾上腺素和皮质醇的分泌，来对识别到的风险或压力源做出反应，无论是真实的还是想象的（我们很快就会发现，想象的和真实的一样真实），从而引导我们的能量流向，让我们做好准备，去以恰当的方式应对风险。

焦虑是我们最常用以命名上述感觉的情绪概念之一（其他情绪还包括恐惧、愤怒、震惊）。与所有情绪一样，我们称之为焦虑的东西，其本质并不是坏的；有时，焦虑可以帮助我们鼓足干劲，充分警觉，以渡过难关。例如，你的自主神经系统正确地预测到，你需要大量的精力和警觉性来进行一场面向一大群可怕的心理学家的演讲（没错，说的就是我自己要面临的情况！）。所以，实际上，这是一个体贴入微、富有同情心的系统，因为它能让你活下去，并帮助你前进。

然而，有时它会失去平衡。也许我们因为过去的经历而过度预测了威胁，或者生活向我们投掷了太多的石头，让我们不知所措。在这种情况下，我们的交感神经系统就不那么"交感"了。它预测到我们一直需要能量，所以它全力以赴。我们变得对威胁过度警惕。我们逃避做事，因为感觉事情太大、太可怕。我们的身体感觉呈现出强烈的"战或逃"状态，这种感觉超出了我们的实际需要，令人不快，甚至让我们感到痛苦。我们无法入睡，饮食规律被打乱，思维混乱，大便失调，所有这些都会造成更大的压力。尽管我们的身体本意是好的，但长期的高压力水平、皮质醇的分泌以及所有这些，都会损害我们的身心健康。我们满怀好意的身体系统拼命想保证我们的安全，却变得对我们的机能毫无帮助。此时，焦虑就变得无益了，我们需要考虑如何进行最好的干预。

完成焦虑周期

请使用本书第 67 页的情绪周期模板,画一个新的焦虑周期版本。

第 1 步
是什么让你感到焦虑?

想一想是什么让你感到焦虑,并将其填入"触发点"框中。你是否同时感受到其他的情绪——如有,请记下来。仔细思考后,你可能会发现触发事件的模式。有些是很多人都会有的——例如,对公开演讲的焦虑就非常普遍。在其他时候,触发点可能就是你的想法本身。对我们的身心来说,想象中的事件与现实事件同样真实,因此也会产生与现实生活中的事件一样的影响。

有时,我们无法完全理解自己的这些触发点。当事情超出我们的控制时,我们就会感到威胁,身体系统便也会对威胁做出反应。有时,大脑会在一些情景中注意到某些特定的模式,让我们联想起过去不愉快的事件,从而产生焦虑。焦虑的触发因素会随着时间改变,但了解了是什么让你焦虑,就对接下来控制焦虑有帮助了。

第 2 步

你做何反应？

现在，想一想你在焦虑之时是如何反应的，并填完焦虑周期中的其余部分。以下是人们在焦虑时的一些常见的反应方式。但是，每个人的反应模式都不尽相同，在不同的情境下也会有所不同。

身体 心跳加速，以向全身输送更多氧气。血液流向你的手脚，为行动做好准备。肺部更加努力工作，呼吸加快。当血液更多地流向四肢时，你的胃里会有翻滚的感觉。

想法 你可能会预测即将发生可怕的事情，你所做的事会迎来负面的结果，或者你的心情会特别差。你也可能预测自己无法处理或应对某个场景，预言自己会失败或出丑。你可能会反刍过去的失败经历，或者你会因为感到焦虑本身而批评自己。

行动 焦虑时你会怎么做？躲在石头下面直到焦虑结束？给妈妈打电话？你可能会有攻击、易怒或沮丧等反应。你也可能会直面焦虑，解决问题或放慢呼吸。你还有可能尝试去做一些其他事情来转移注意力。

第 3 步

你的反应对你的感受有帮助还是帮倒忙？

你的反应要么让你继续在焦虑中打转，要么帮助你找到摆脱焦虑的途径。想一想,哪些反应让焦虑持续,让你感觉更差?又是哪一些有助于控制焦虑,帮助你接纳焦虑?仔细观察,看看你的反应是让你继续陷在焦虑里绕圈,还是帮助你挣脱焦虑。将有益的反应列出来,也把有害的反应拎出来,这样,下一次感到焦虑时,你就能更快地摆脱焦虑了。

第 4 章

是什么使我们难过

情绪基本上不会凭空出现,虽然我们经常感觉它们是凭空出现的。你的感受与你的环境有着内在的关联,包括过去的环境和现在的环境。你的大脑对世界的理解和预测是基于它仅有的信息,也就是过去的经验。因此,感官世界和你的环境内在地关联着你的情绪经验。有时候你的情绪是一个信号,提醒你需要采取一定的行动了——你的环境里有什么东西需要改变了。本章将带你理解环境中的情绪触发因素(无论我们能否控制它们),以及我们可以在何时、以何种方式应对它们。其中也包括一些人们普遍面对的触发因素,我们可以主动地认识它们。

触发不开心

生活中发生的许多事情都必然会制造或触发情绪。重要的生活事件，包括健康问题、搬家或失去亲人，都会给人带来压力，因此，这些经历必然包含着巨大的、有时是困难的情绪。在这些时刻，情绪是一个信号，提醒我们需要照顾自己了。生活中的其他压力事件，如工作压力、霸凌或过度繁忙等，都会产生情绪，这些情绪也都是信号，表明我们的环境中有些东西需要改变。

找出情绪的触发因素，可以帮助你选择应对情绪的最佳方式。它是对困难生活事件的正常反应吗？它是你需要采取行动去改变造成压力的事物的信号吗？你是否需要提高应对技巧，从而更好地控制局面？你需要解决的是触发事件本身，还是对它的反应？可以使用情绪周期（见本书第 61 ~ 67 页），帮助你来确定是否存在明确的触发点，并思考可以为之做些什么。

情绪触发点，意味着环境中的某些因素发生了变化，引起了情绪。例如，可能你讨厌狗，而某天早上出门时看到一只打扮得花枝招展的贵宾犬，让你感到焦虑（也可能是给狗戴上粉色蝴蝶结的可笑行为让你感到恼怒）。在这种情况下，贵宾犬（以及你对狗的看法）就是导致你情绪反应的触发点。

或者，一个明确的生活事件可能对你的长期感受产生了影响。

其他一些时候，触发点可能并不那么清晰。可能发生了很多小事，占据了你的情绪容量杯（见本书第 29～38 页）。可能一个念头突然出现在你的脑海中，引发了情绪反应。你可能注意到了，但有时稍纵即逝的想法可能在你发现之前就已经消失了。此外，饥饿、不满和疲倦的累积效应也会让我们心情不好。

当我们寻找触发点，有时可能什么也找不到。这可能会让人恼火，因为在这个复杂的世界里，我们喜欢确定性。但找不到也没关系，有时情绪就这样产生了。了解触发点固然好，但更重要的是留意到情绪。如果你能找出原因，那很好，但如果不能，你仍然可以思考如何反应。

练习 1

识别触发点

当你正经历情绪时，请使用情绪周期（见本书第 61 ～ 67 页）来尝试断定是什么触发了你的情绪。可能是一个事件，也可能是一系列事件的累积造成了压力和不堪重负。如果是后者，可以使用情绪容量杯（见本书第 29 ～ 38 页）来帮助识别那些逐步积累的、令压力水平逐渐上升的因素。难以找出触发点时，可以考虑下列因素：

你的饮食是否正常？

睡眠和休息是否充足？

你现在的生活中，是否存在额外的压力来源？

最近生活是否有变化？

对过去经历的回忆是否引起了你的感触？

如果你找不到触发点，没关系。在没有明显原因的情况下不断寻找原因，会让你陷入情绪之中，而不是去思考如何应对。因此，不要过于用力地寻找触发点；相反，不妨接受你的感受就是如此，并将注意力转移到如何做出有益的反应上。

我能改变触发因素吗?

了解你的情绪触发点,可以帮助你决定是应该直面触发因素、去改变它,还是要考虑如何对它做出反应(用上你的情绪周期,见本书第 61 ~ 67 页),又或者同时去做这两件事。可以从以下几个方面来考虑:

可以改变的明确触发因素

如果存在着一个明确的、可识别的、可以改变的触发因素,那么你最好调动一切资源去针对触发因素本身。例如,如果过度使用手机会让你心情不好,那么就给自己设定一些使用手机的限制。然而,找到解决方案,有时候比这个要困难。例如,如果你被职场霸凌,虽然这个触发因素需要解决,但解决起来可能需要时间。你已经发现自己需要采取行动来改变真实的威胁,但你需要建立自己的应对策略,在管理压力触发因素的同时,也有针对性地管理自己的反应。

无法改变的明确触发因素

有些生活事件会导致无法改变的巨大情绪——例如亲人逝世,或应对困难的生活事件,如被裁员。在这种情况下,重要的是要照顾好自己,并尽可能优化自己的应对策略。试着辨别自己的情绪，想想能做些什么来帮助自己渡过难关，并针对自己能控制的事情采取行动，例如，使用"灾难警报！"这一节中的"容许不确定性"练习（见本书第 179～180 页）。

如果你不确定该改变的是触发因素还是你的反应

有时你可能会发现，有些困难是有可能改变的，于是你决定要战胜它。如果你为当众讲话感到焦虑，但又希望自己能够做到，那么你就需要针对自己的情绪反应周期，来帮助自己做到。不过，在其他时候，你很难确定到底要针对什么——是情绪的触发因素，还是你的反应方式。如果你在繁忙的店里会感到焦虑，那么你可以在网上订餐，或在人比较少的时候去购物。这就是在针对触发因素，没有问题。但是，你也可能想要轻松地去门庭若市的商店购物，这样的话，你就会在情绪周期之中针对自己的（思维、行为和身体）反应来帮助自己应对触发因素。不总是有一个正确答案：有时需要控制触发因素以减轻压力，有时需要改变的是你的反应，或者两者兼而有之。要做的是找出当下对你最有帮助的方法。

针对触发因素有时是无益的。外出见人可能是让你焦虑的事情，于是你就不再外出见人了，可是实际上，见朋友对你是有好处的。因此,在这种情况下,用回避触发因素的方式来应对它,对你的生活产生的影响就会是负面的。

要选择一种方式去引导你的能量与反应可能很困难,没有人能一直做出正确的判断。密切关注自己的情绪周期,思考自己的反应对生活的总体影响是有利还是有害,会帮助你更好地运用你的判断力。

问题解决

1. 定义

问题是什么？

2. 找方法

头脑风暴可能的解决办法：

3. 选出最佳方案

4. 制订计划（并付诸行动）

行动分几步？

5. 复盘

方法有效吗？如果没有的话，是为什么呢？

没用？→ 重新想办法或计划

改变需要改变的触发因素

如果你已经发现某个触发因素需要改变,那么最好花点时间想想,如何去改变才是最好的。需要改变的触发因素往往会让你不知所措,所以这个练习可以帮助你正视它们,并找到行之有效的方法,让自己往前走。

使用旁边的图表,找出改变特定触发因素的方法。你也可以找一个人来一起商量,让别人为你提供不同的视角,说不定有帮助。他们或许还能帮你想出更多或者不一样的创造性的解决方案,以解决各种棘手的触发因素。

重要的是,事后要回顾一下这个解决方案是否成功,如果不成功,就从头再来。记住:就算没有成功,也不要自责,初次尝试不得要领是很正常的!

反社交媒体

不管你喜欢还是讨厌，使用智能手机和社交媒体都会对我们的心理健康产生各种各样的影响。它可能直接影响我们的感受或加剧我们的困难情绪。它可能会占用我们的时间，使我们无暇顾及其他对我们有益的活动，还可能影响我们的基本功能，包括睡眠。目前看来，社交媒体会一直存在，所以我们必须尽量学会管理它，控制它对我们的影响。

手机让我们能够即时获取比过去多得多的信息。当你需要快速找到当地外卖店的电话号码时，手机的这个特性就非常棒。但是，它也会分散我们的注意力，占用我们有限的注意力，让我们的思绪远离我们生活的现实世界。持续不断的信息会给人带来压力，也会填满你的情绪容量杯。你的手机就像一个正在发脾气的学步小孩，它永远不停地发出提示音，叫你去看这几个频道、那几个通知，而且所有这些都要求你**立刻**关注！

社交媒体就其设计而言就是为了把我们吸引进去，不知不觉间，60 分钟就过去了。没完没了地刷屏的危险在于，我们被卷入了一个永无止境的故事，没有断章，也没有翻页，所以我们很难停下脚步，意识到正在发生什么。研究表明，在社交媒体上花费的时间越多，心理健康状况不佳的可能性就越大（虽然还不清楚谁是因谁是果）。我们通过社交媒体寻求认同，如果得不到认同，我们就可能会受到负面的影响。通过点赞和评论所获得的反馈会让我们感觉良好，得到强化，从而，我们可能会上瘾。

还有一些其他的潜在隐患：社交媒体会滋生比较心理，我们容易将别人精心展示的完美生活与自己的不完美（其实是"正常"）生活进行比较。研究表明，社交媒体上对身材标准的认知往往非常狭隘，而女性，特别是年轻女性，在浏览到这些观念之后，会对自己的身体产生不满（这种情况也越来越多地发生在男性身上了）。我们在社交媒体上展示自己，也就将自己暴露在了可能受到他人评判和批评的环境之中。这些批评可能是无意的伤害性评论，也可能是嘲讽和霸凌。

当然，社交媒体也有积极的一面。我们可以与他人互动，分享我们的创意，建立有认同感的人际联结，还有学习，等等。它还能在必要时帮我们分散注意力，让我们有东西可以读或开怀大笑。照顾好自己的心灵并不意味着要拒绝社交媒体，而是要确保社交媒体的使用是有益的，并学会分辨它在何种情况下会成为问题。

谁说了算，你，还是你的手机？

请使用这份清单来标记你可能需要改进的地方。勾选出所有你认为符合自己情况的条目。请诚实作答。如果你对其中任何一个问题的回答是"是"，那么也许是时候重新评估你使用手机或社交媒体的方式，以确保它对你的生活有积极作用而不是构成阻碍了。

使用手机是否给你带来了坏心情？

- ☐ 划动屏幕时，你是否感到焦虑、悲伤或不满足？随后这种感觉是否还会持续？
- ☐ 你是否有一定的时间是远离手机的？
- ☐ 你是否会强迫性地查看社交媒体？
- ☐ 你是否觉得必须在社交媒体上发帖以获得点赞？
- ☐ 当你的帖子没有得到你所希望的那么多赞时，你会感到难过吗？
- ☐ 你是否因为使用手机而无法做自己真正想做的事情？
- ☐ 使用手机是否妨碍了你重要的事情，如人际关系、业余爱好？
- ☐ 它是否对你的现实生活，包括睡眠、饮食、工作、育儿产生了负面影响？

练习 2

夺回掌控权

如果你发现使用手机或社交媒体会让你心情变差,无法做自己想做的事,那么是时候开始夺回掌控权了。试试以下策略:

使用应用程序,设置时间限制或警告,对自己的手机使用时间做出切实可行的限制。这些工具可以帮助你主动设定可以使用手机的限制条件。

上床睡觉了就不要看手机。

调整社交媒体的设置:取消关注那些让你感觉不好的人,或将其设置为消息免打扰。

关闭提醒,这样你就能掌控查看社交媒体的时间,而不是让它控制你。

时刻记住,你浏览的是经过他人精心挑选的图片。

意识到分享个人信息的潜在隐患,在此基础上决定要发布什么。

不想使用手机的时候,将手机放在另外的房间里,或者关机。

练习3

打破习惯——做积极的决定

拿起手机可能会成为一种难以改掉的习惯。使用手机成了一件自动的事情，你并不总是能意识到自己拿起了它。但是，如果你在开始使用手机之前和使用手机时都能明确意识到，那么你就可以主动决定下一步要做什么——是继续使用手机，还是不使用手机？你可以通过多种方式做到这一点。

拿起手机前：停下来想一想。现在使用手机对你到底有没有帮助？你是否真的想用手机做一些特定的事情？如果不是，尽量克制住冲动。

使用手机时：很容易被手机吸引而忘记时间。关键是要打断你的注意力，让你意识到自己在做什么。在开始之前设置一个外部提示，比如手机上的定时器功能。当提示响起时，问自己下面这几个问题：

我现在感觉如何？

继续使用手机对我有帮助还是没有帮助？

我还想继续使用手机吗？

如果任何一题的答案是否定性的，就请转移注意力，做一些能吸引你注意的事情，或者在物理距离上将手机移开，让自己不容易拿到它。

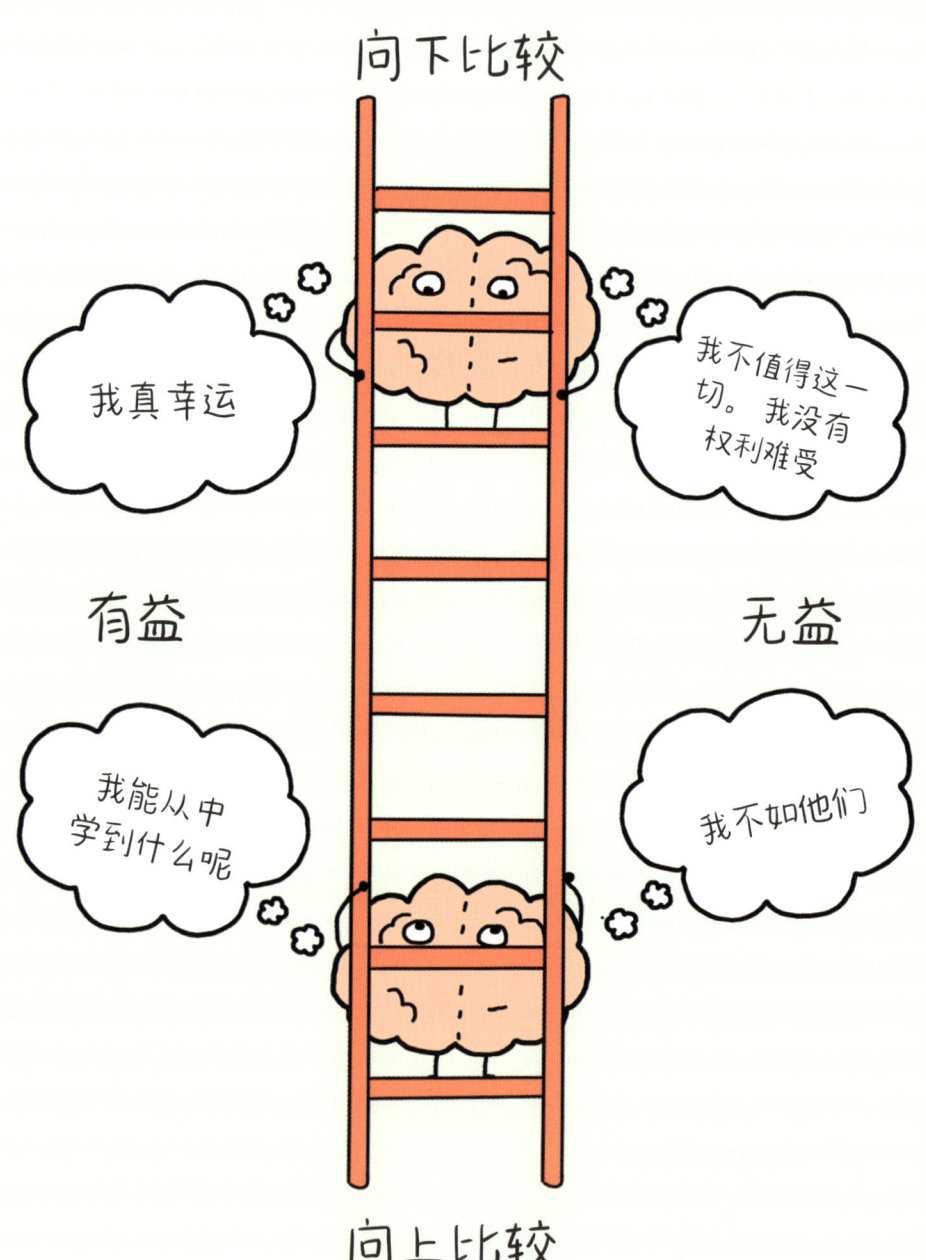

比较的艺术

每个人都会比较，我们的大脑都是这样设定的，而社交媒体又为之添了一把火：拿自己跟别人比。跟同事相比，我有多成功？跟别的父母相比，我的育儿技能如何？比较本身并不是坏事，有时还很有帮助，它能让我们在社交世界中游刃有余，选择支持我们的盟友和伙伴，找出需要改变的地方。比较给我们带来的感受取决于几个因素，包括我们从比较中得出的结论以及我们选择的参照点。因此，如果我们觉得自己的表现比同龄人差很多，或者与大多数人的感觉不同，这些向上的比较会让我们觉得自己不够好。

社交媒体是比较的温床。我们被别人精心策划的生活图像所轰炸：难以企及的身材、完美的房子、充满乐趣的家庭出游、超出我们能力范围的生活方式。我们可能知道这些不是现实，但结果往往是，我们还是会进行向上的社会比较，然后感到焦虑。我们觉得自己与别人不同，或者不如别人。这些比较往往是站不住脚的，因为我们是在拿自己与别人过滤后的精彩片段进行比较，这是一种理想化的视角。我们看到的只是故事的一部分，我们真的不应该仅凭表象评判别人，或与之比较。

我们不仅将自己与他人进行比较，还拿自己和自己的生活与想象中的自己进行比较。我们将自己的成功、失败和现状与另一种想象中的生活或预想中的未来进行比较。"如果我当初得到了那份工作，生活会更好的。如果我有更多的钱，我会更快乐。"我们的模拟版本不包含任何不好的部分，所以它一定是一个更好的版本，使我们的真实生活或选择看起来比实际情况更差。

当我们比较时，我们会用到一个参照点。我们可以将比较分为两类：向上比较（拿自己与我们认为比我们强的人进行比较）和向下比较（拿自己与我们认为比我们弱的人进行比较）。研究表明，奥运铜牌获得者通常比银牌获得者对自己的成绩更满意，尽管后者的成绩更好。这似乎就与他们所使用的参照点有关。银牌获得者会以金牌获得者为参照点去向上比较，因此会觉得自己与奥运冠军失之交臂，而铜牌获得者则会以其他参赛选手为参照点，向下比较，因此会觉得获得奖牌就很幸运了。

我们赋予比较的意义，决定了它是有益的还是有害的。我们通常会认为某种属性会让某个他人的生活变得更好，这意味着她/他是比我们更好的人。他们更富有，所以生活更轻松。他们的工作很好，所以他们更快乐。我们不如他们。不仅这些比较往往站不住脚，因为我们所依据的是不完整或片面的信息，而且我们所作的假设往往也是不正确的。我们无法知道他们是否更快乐或更充实。因此，给我们带来问题的不是比较，而是基于比较所做出的假设。

你的大脑生来就会比较，不管你愿不愿意，它都会一直比下去。不过，你可以学着去留意自己何时在进行不公平的比较。你可以引导你的大脑去质疑自己判断的有效性，选择更准确的参照点，基于以上种种，描绘出一幅更清晰的画面。

练习 1

留意比较：它的有效性如何？

下列三个步骤可以帮助你观察你的比较行为，并思考当比较发生时你是如何反应的。参考情绪周期（见本书第 61 ～ 67 页），以你的比较参照点为触发点，帮助你记录你的答案。

（1）注意到你正在进行比较

你在与谁或什么进行比较？

这让你感觉如何？

在比较时，你对自己或对方做了什么假设、撰写了什么故事？例如：他们对生活的掌控比我强得多。

（2）质疑比较的有效性

你是否只根据片面的信息进行比较，例如某人在社交媒体上对自己的呈现？

你是否将自己与理想化的假想情况进行比较，而没有考虑到所有不好的地方？

你真的是在进行同类比较吗？还是说，你是在拿你对自己最严厉的批评与别人最好的一面进行比较？

你是否对别人做出了错误的假设，比如他们总是快乐的，并以此来比较自己？

（3）你为自己的比较赋予了什么意义？

你是否在比较的基础上对自己做出了不公平的判断？例如：我不成功；我一事无成。

你是否在比较的基础上对对方做出了错误的假设？例如：她的生活一定比我好，因为她比我漂亮；她一定很幸福，因为她有那份工作。

是否有事实证据支持你的假设，例如，没有证据表明，拥有很多钱或出名会让你更快乐？

练习 2

选择参考点

参照点的设定会对比较产生很大影响，也会影响你从中得出的意义。你是在向上比较还是向下比较？一旦你知道自己的参照点在哪里，你就可以引导大脑去换一个参照点。如果你把自己放在银牌得主的位置上，那么就把注意力放在铜牌得主身上（向下比较），而不是金牌得主身上，并好好想想自己的成就有多么了不起。生活中，几乎在任何情况下，都会有人比你强，也会有人比你差，你可以自主选择你的参照点。

或者，你也可以选择一个完全不同的参照点。也许将你获得银牌的成绩与你去年参加同一场比赛的成绩进行比较更为公平。在我与康复中的患者一起工作时，我们会讨论，将他们的比较参照点设定在康复开始时，而不是生病之前。一旦你意识到自己的参照点设定在哪里，你就可以将其重新调整到更公平的位置。

练习 3

与想象中的另一种人生去比较

我们经常这样做。我们会想，如果我们得到了那份工作，生活会变得更好；如果那件事没有发生在我们身上，我们会更快乐；或者，当我们实现了 X、Y、Z 时，我们**就会**感到……这种比较是，我们假设出现实的另一种模拟版本，拿它来跟自己比较。这些模拟版本通常会过分强调潜在的积极因素，而对消极因素轻描淡写，因此这始终是一种无效的向上比较。

将自己与理想化的另一种可能进行比较，会导致许多情绪，其中之一就是后悔。实际上，你是在将自己做出的决定或发生在自己身上的事情，与你认为会更好的事情进行比较。当你把现实与完美的想象版本相比较时，现实永远不会赢。

试着提醒自己，其实你根本无法知道另外一条路是否会更好，甚至是否会有任何不同，事实上，它可能是一个更差的结果。有一种叫作"消极想象"的技巧，可以让你重新调整想象中的自我参照点。问问自己："如果我没有现在所拥有的一切，生活会是什么样子？"这可以将你的参照点重置为向下的想象比较，研究表明，这更有可能让你对所拥有的一切心存感激，并感激自己曾经做出的决定。

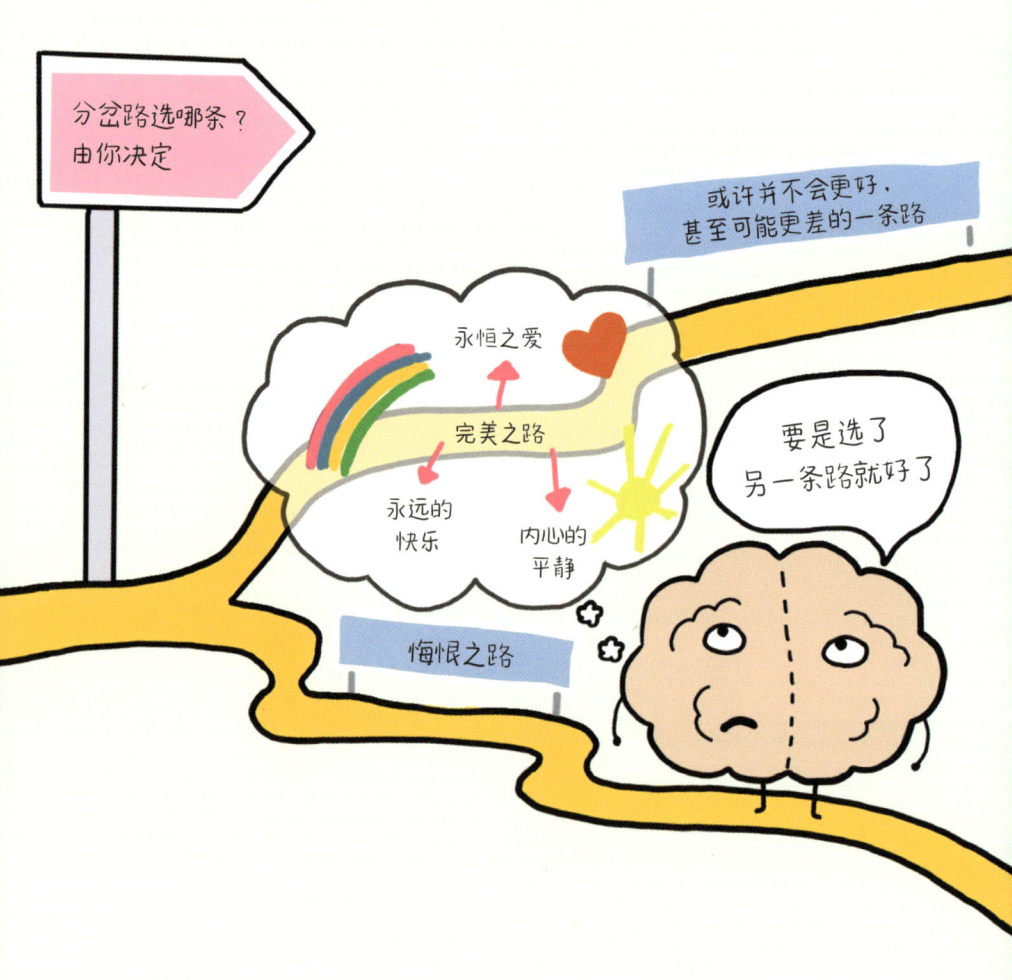

冒名顶替冰山

冒名顶替综合征

你是否担心过，人们什么时候会揭穿你？他们什么时候会发现你实际上德不配位？如果你有过这样的想法，你并不是一个人。据估算，大约 70% 的人都经历过冒名顶替综合征。冒名顶替综合征并不是一种诊断意义上的疾病，但它描述的是这样一种人，他们尽管很有能力，但仍认为自己的成功是由于运气，而不是自己的技能和努力所带来的，自己并没有表面看起来那么厉害。

这就导致了一种恐惧，你害怕你知识技能的匮乏会在某一天被揭穿。恐惧又会带来焦虑，因为你在等着犯下那个最终揭露你骗子身份的错误。冒名顶替综合征可能会让你不敢求职或求晋升，不敢在会议上发言，甚至不敢争取对自己有帮助的东西，因为自我怀疑让你无法相信自己能做到这些事情。不仅仅在工作领域，在生活的任何领域中——包括为人父母，甚至只是当一个成年人——你都可能会有冒名顶替的感受。

冒名顶替综合征的讽刺之处在于，它往往发生在心中有数的人身上。有一系列心理学研究说明了这个现象，研究结果被称为邓宁 – 克鲁格效应（Dunning–Kruger effect）——越有能力的人，往往认为自己越没有能力，因为他们更了解自己的无知。

我们还会受到晕轮效应的影响。晕轮效应是指,我们会把自己认为积极的诸多特质都联系在一起,从而做出错误的判断。如果我们认为某个人很有魅力或很有自信,我们就会假定他们还具备其他优点,比如很有能力,即使事实可能并非如此。在冒名顶替综合征中,我们可能会把晕轮效应反向地应用在自身上——如果我们不自信,那一定说明我们能力不足——但这并不是真的。

冒名顶替综合征的另一个因素是归因方式:我们倾向于把坏事归因于自己的内部,而把好事归功于外界。于是,任何坏事发生都一定是因为我们自己是垃圾,反过来,好事发生就一定与我们无关。

焦虑感和自我怀疑会让我们对自己产生误判:"我感觉很焦虑,所以我现在一定是在做什么错事。"实际上,你感到焦虑,可能只是因为你身处一个未知的领域,或正在许多复杂的信息中间努力寻求平衡。产生自我怀疑和应对自我怀疑都是很正常的;其实焦虑能够帮助你自我约束,并提醒你何时需要学习或获取信息。

练习 1

识别自我怀疑与不安

自我怀疑是冒名顶替综合征的核心。每个人都多多少少有自我怀疑,但重要的是要识别什么时候它会倾斜到无益的程度。因为这时你就需要考虑,要做些什么来应对这份自我怀疑。

下图虽然不是经过科学验证的量表,但我在临床工作中用它帮人们识别自己的自我怀疑程度,考虑如何最好地去应对。请想一想:你在图中天平上的什么位置?答案会随着你生活中发生的其他事以及你的情绪容量杯的积蓄情况而发生变化(见本书第 29 ~ 38 页)。

你的自我怀疑现在处在什么位置呢?它是在有帮助的一边,让你时时自省,激励着你在自我确认的同时去学习新知识,并且在需要的时候寻求帮助;还是偏向了没有帮助的一边,甚至到了拖垮你的程度,令你无法做事、感到羞耻?

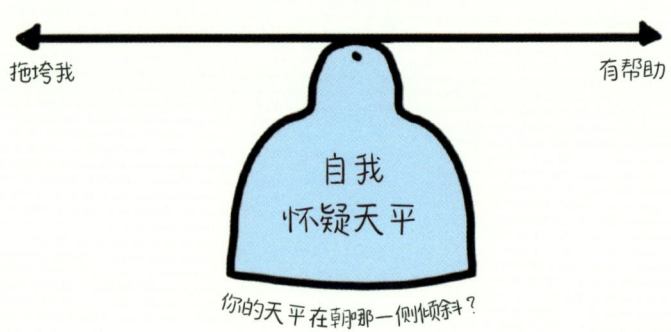

练习2

管理自我怀疑

好的，你认为你的自我怀疑已经偏向了没有帮助的一边。或者，你可能只是想处理好与冒名顶替综合征相关的自我怀疑？下列五个步骤将帮助你确定是什么引发了某一特定情境下的冒名顶替综合征，并思考如何管理它。

（1）识别：认识到产生这种感受的原因。

- 有什么具体的触发点吗？如果有，你现在能为之做些什么吗？
- 你是否正在面临不确定性，例如，你是否担任了新角色？
- 你是否压力很大？
- 你是否有太多的事情要做？
- 你是否需要额外的技能来完成手头的任务？

可能没有明确的触发点，没关系！

（2）盘点：留意自己的感受。

- 描述生理感觉。
- 描述情绪。
- 描述你的想法。

使用"情绪周期"(见本书第 61 ~ 67 页)来辅助你。

（3）正常化：感觉自己像个冒名顶替者是很常见的。

- 提醒自己这只是一种生理感觉。这只是你的身体让你做好行动准备。
- 感觉有些不舒服是正常的，在不确定的情况下工作或做新的事情时则更是如此。
- 提醒自己，有这种感觉也没关系。大多数人在一些时候都会有这种感觉。很多你崇拜的、外表看起来很自信的人，也会有这种感觉。

（4）重构：这种感受并不反映你的能力。

- 有想法并不代表它就是事实。
- 提醒自己想想，过去也有过类似的时刻，而你成功做到了。
- 自我怀疑并不全是坏事——有时自我评估和虚心接受其他观点会对你有所帮助。

（5）解决问题：继续往前走，让心情好起来。

- 提醒自己已取得的成就。
- 你是否可以采取任何切实可行的措施来消除触发因素？

- 向你信任的人倾诉——分享你的想法可以让你获得极大的认同感,你的知己很可能也会认同你的想法!
- 你是否可以采取切实可行的措施来应对这种情况,例如与导师讨论工作中你没有把握的部分?
- 就自己的表现寻求值得信赖的外部意见——你的看法是否与外部看法一致?

练习 3

监测你的归因方式

当你正经历冒名顶替综合征之时,坏事会被向内归因,于是就都成了你的错,而好事则会被向外归因,于是你永远无法将其归功于自己。通过留意自己给事件归因的方式,你可以更理性地看待这个问题,将归因拆分开来,思考真正的原因。

请使用旁边的图表来帮助你。当你发现自己正在归因的时候,请把你的归因填在上面的气球里。例如,你是否将发生的错误 100% 归咎于自己(内部原因),或者对一个积极的结果不给予任何肯定?现在退一步,用下面的气球来思考实际原因。是否有其他外部因素共同促成了这个错误?你对这个积极结果的影响或作用是否超过了你允许自己认领的功劳?

我在做出什么样的归因？

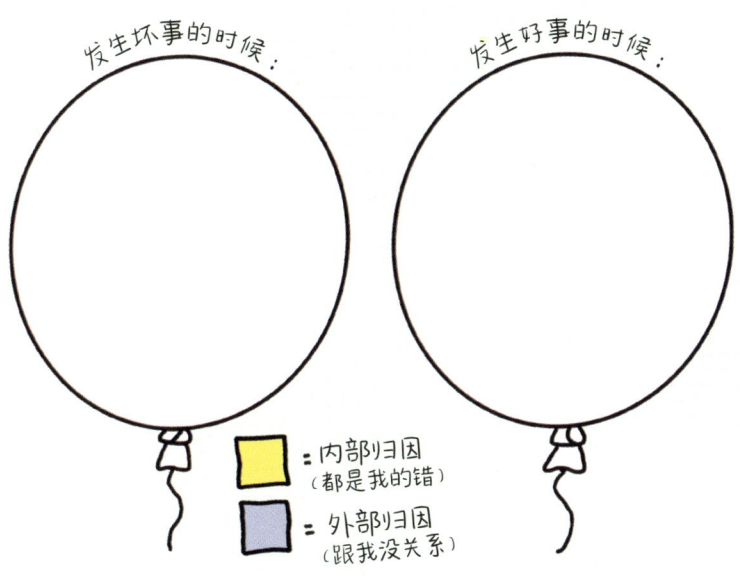

而现实是：

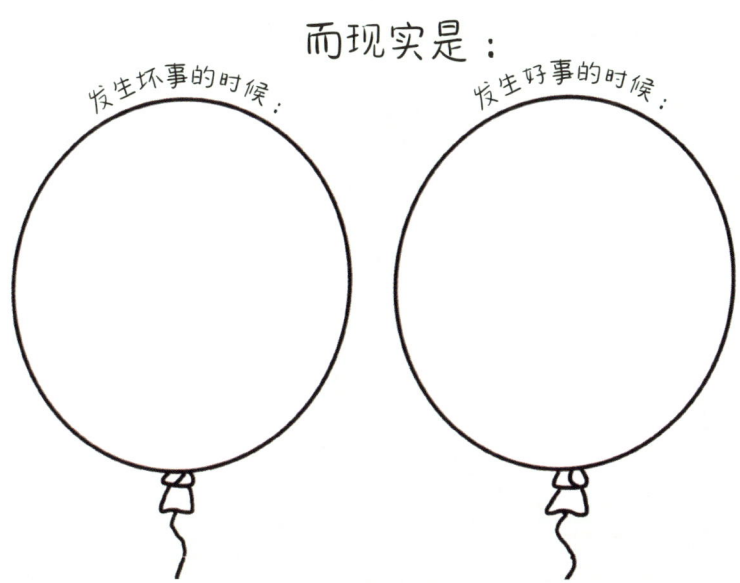

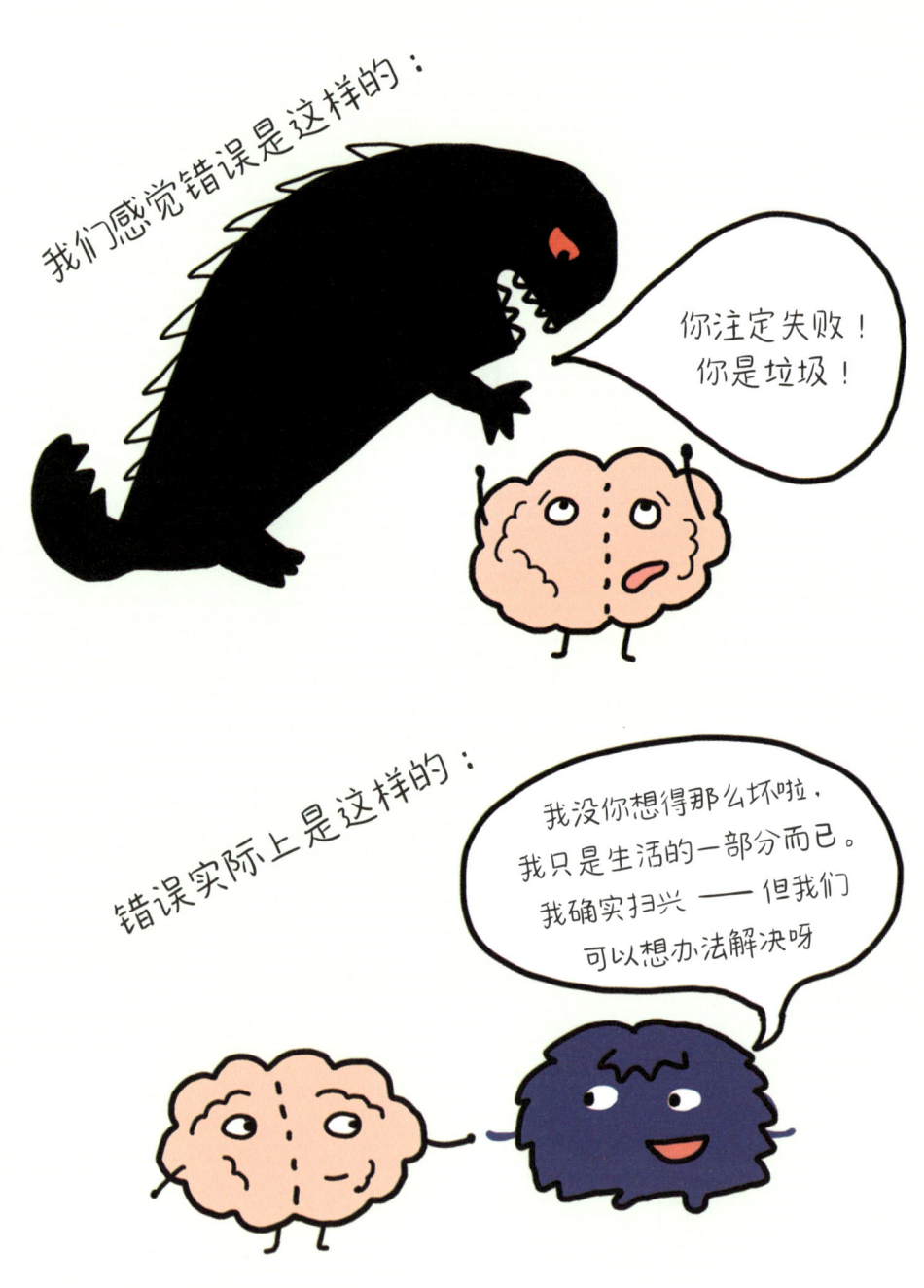

你有权失败

好的，现在你已经知道，你的大脑有很多快捷方式、偏差和漏洞，这些让它成了一个速度快但不完美的信息处理器。然而，你可以向大脑学习很多东西，特别是它处理自己的错误的方式。大脑就是在预测和修正的过程中不停运转的。它确认自己认为会发生的事情，继而，如果预测错误，它就会根据这一信息重新调整。它以大量各异的实例为基础，尽可能广泛而准确地了解世界。它是多么聪明的东西啊——它知道自己需要通过错误的预测来学习新的东西。我觉得这太奇妙了。如果我们能把这种理解应用到我们自己的意识之中就好了。

对错误的恐惧，以及它的极端形式，完美主义，都是很常见的——作为人类，我们有实现目标的动力，我们喜欢把事情做好，不喜欢把事情做错。社会对完美主义和成就感的褒奖到达了一定程度，让我们开始认为这些东西就能定义我们，或让我们快乐。一方面我们也是社会动物，喜欢被他人正面评价，所以我们喜欢做得好。另一方面，犯错和人们眼中的失败则会导致不愉快的情绪。如果我们不是"六边形战士"——在工作、生活、育儿、婚姻、做健康的饭等等方面——那么我们就会认为自己失败了。不完美就是失败，感到力不从心就是失败，感到自己应付不来就是失败。都是我们自己的问题；**我们**没有应对好，**我们**不够好。这就又回到了归因的问题上（见本书第 114～115 页）——我们在自己身上找原因，责怪自己，而没能认识到这是一种再正常不过的普遍经历。

这种对错误的厌恶与现实生活背道而驰，现实生活中不可避免地充满了失败，不管是因为我们自己犯错，还是与我们无关。不管责任在谁，事实证明，生活的满意度与生活的**顺利**程度无关，而是在于学会在**出错**时如何处理。容忍和允许错误的存在有助于降低压力水平，让我们更快乐。

那些我们认为是最大失败的事情，回过头来往往会成为正向的转折点，引领我们走上另一条道路，让我们进行总结、学习新技能或产生新想法。在当时看来可能难以忍受，但从长远来看，我们往往会对这些"失败"心存感激。许多成功都源于人们认为的错误和偏离；人们报告说，面对逆境时的韧性是他们成功的关键。因此，被我们定义为失败的事情，到头来可能刚好相反。

参照情绪周期（见本书第 61～67 页），不难看出害怕犯错或失败会对我们的行为产生怎样的影响。我们可能会避免做自己不擅长的事情，或者逃避学习新技能，因为没有一次就做对事情会让我们感觉不舒服（这也与冒名顶替综合征有关，见本书第 107 ～ 115 页）。对错误的恐惧意味着我们会拖延时间，直到我们确信自己可以完美地完成某件事情，或者（以我在大学时的论文截止日期为例）我们已经把事情拖得太晚了，我们再也没有选择的余地或余裕的时间。我们会被驱使着继续追求完美，因为达到目标和取得成功会使我们产生积极的情绪，从而强化这种行为。因为我们误以为，我们的成就决定了我们是谁。

在生活中，虽然错误和失败是不可避免的，但我们对错误和失败做出的反应却是可以改变的，学会接受错误和失败对我们的心理健康和心灵都是非常有益的。

> 练习 1

错误的真正意义

思考一下你所认为的错误的意义,然后更加客观地重新审视它。你的错误真的有你所认为的意义吗?想一想,怎样讲这个故事才更准确。

关于错误,你给自己讲了什么故事?

你是否告诉自己,你"总是出错"?

你是否告诉自己,因为犯了错,所以你很没用?

你是否认为别人会觉得你无能?

当生活向你投来一些任何人都难以承受的石头时,你是否告诉自己你很无能?

你是否把自己的错误放大到比实际情况更严重、对你的意义更重大的程度?

你的错误的实际意义是什么?

如果同事或朋友犯了这样的错误,你会怎么说?通常,我们在看待他人生活中的场景时会更加客观。

你如何看待承认错误并采取措施解决的人呢?

犯错是人之常情吗?

错误真的能定义你吗?

处理这些障碍是否真的对你有某种帮助?

练习2

与错误做朋友

没有绊脚石和失败的人生只存在于童话故事中。我并不是说你会喜欢上这些错误,或者它们所带来的不舒服的情绪,但请允许自己失败。与你的错误交个朋友,这样它们就不再让你恐惧;把它们当成你可以容忍和接受的熟人吧。

当你确实需要从错误中吸取教训时(因为我们都会偶尔犯错),要以开放的心态去面对,而不是羞愧难当,想要逃避和躲藏。掌握一些有用的简短话语,将错误从感觉上的大怪物转变为实际上的小不点,会很有帮助。下图给出了一些例子供参考,你也可以借此重新思考你对错误的感知。在以下建议的基础上,添加你自己的短语或句子。

让错误怪现出原形

一个错误并不会让我成为失败者。
错误并不能定义我。
每个人都会犯错。
错误是生活的一部分。
我是被允许犯错的。

第4章 是什么使我们难过

练习3
了不起的注意力转移

你的大脑指引你采取下一步行动,发现途中的错误,重点标记出风险,如此引导你朝着目标前进。如果再加上完美主义和对错误的恐惧,你就会变得对犯下的任何错误都过度警惕。你甚至会在没有犯错的情况下,认定自己的行为是错的。结果就是,你的大脑会忘记暂停、反思、承认已完成的步骤——你的成就。你忽略了好的方面,只顾着设定目标和在意不好的方面。

不过,你可以给大脑一点提示,让它朝着正确的方向前进。使用"哇塞"清单,记录你做得好的事情。成就不一定要很大——克服糟糕的状态,从床上爬起来,就是一项成就;在孩子们打架时保持冷静,也是一项成就;让自己有时间做一些喜欢的事情,这也是一项成就。这些都是我们每天的小小"哇塞"。

这是一项看似简单的任务,却能让你对自己所做的事情给予肯定,让你关注自己的成就,而不是对它们视而不见。这个方法可以让你的视角转向更积极的方面,帮助你留意并记住自己短期和长期的成功。

"哇塞"清单

我今天完成了/做了什么:

第 5 章

回应情绪——做些什么

要照顾好我们的心灵,核心是管理好我们的行为,因为行为会引起想法、信念和情绪的连锁反应。无论就短期还是长期而言,都是如此。我们的行动,例如外出走走,都会产生立竿见影的效果,这是由于行动改变了我们的想法或心理反应,进而改变了我们的感受。我们已经知道,创造和维持社会关系是良好身心健康状态的最强预测因素之一。如果我们将这件事拆解开来的话,关系的缔结与定义也是通过我们的行动来完成的。我们是否会拿起电话和朋友讲话?是否会决定与他们好好聊聊困扰着我们或他们的问题?是否会做点事情帮助他人?我们的行动构筑起了这些社会关系。同样地,在更大的范畴上讲,我们的所作所为构筑起了我们的生活——以对我们的心灵好或不好的方式。照顾你的心灵,意味着要创建你能在生活中保持下来的习惯。本章将聚焦于养成有益身心的行为习惯。

改变与目标

阅读本书后,你可能会选择一些建议进行尝试:可能是培养一种新的行为、尝试一项新的活动或认真对待自己的各种想法……无论你试着去做的是哪一种行动,都会带来改变。改变并不总是那么容易,可能需要付出很多努力来启动和维持。为了说明这一点,我想向你介绍你大脑中的 850 亿个神经元。

你的神经元群一直在对彼此歌唱,并建立联系。有些歌曲比其他歌曲更响亮:我们唱得最久的歌曲;来自童年但仍然萦绕脑际的声音;终身的行为模式;自然形成的习惯;还有一些我们甚至不记得从何而来的想法。这些都是我们的神经元通过连接和建立神经通路而唱的歌。神经元已经沿着这些通路走了很久,所以它们轻车熟路。

每当我们尝试新事物时,我们就是在要求这 850 亿个神经元中的一部分偏离它们熟悉的通路,创造出一条新的路径,而这是需要努力和时间的。例如,当我们决定尝试一种新的行为(比如在午餐时间散步),或者改变当前的行为(比如想吃零食时用水果代替薯片),这不仅需要你抑制自己的自动反应,还需要你近乎有意识地去创造一条新的通路。

在谈到改变思想或行为时,我经常用神经通路来比喻。

你的神经元会自动沿着简单的、走过很多次的路径前进。通常，在你还没注意到自己拿起的是一包薯片而不是一个苹果时，它们就已经毫不费力地沿着这条路径滑行了。你必须阻止它们，把它们拉回来，并有意识地去走另一条杂草丛生、坎坷不平的小路。这条路比较难走，但你走得越多，杂草就越少，最终会变得更容易、更自动自发。

有时，你的行为习惯已经根深蒂固，要克服自动反射行为十分艰难。而且，尽管你的神经元非常擅长创造新神经通路，但有时——尤其是在疲惫、压力大或超负荷时——它们会重蹈覆辙。当你陷入旧模式，大嚼薯片时，不要放弃，也不要责备自己。想一想做点什么能帮助你走上新的道路，因为你走得越多，这条路就会变得越容易。

下列练习旨在帮助你找到创造新习惯和改变的方法，并思考在遇到不可避免的挫折时如何处理。

> 练习 1

制订有意义的目标

有大量证据表明,设定目标可以帮助你明确自己想要实现什么以及确定如何实现,也意味着你更有可能取得成功。目标,是一个可以实现或完成的结果,例如做新的事情或培养起更为慈悲的内心声音。本书中的任何一项练习都可以当作目标来使用。然而,虽然制订目标听起来很容易,但正确地制订目标往往比你想象的要难,需要花费更多的心思。所以,请给自己一点时间,耐心一点,善待自己。以下是一些帮助你制订并坚持目标的小贴士:

目标要具体、可衡量。"我会更加善于交际"并不具体,"我将每月约一位朋友喝咖啡"才具体。

如果可能的话,规定实现目标的时间。例如,"我将在周三下班后步行回家"。

从你喜欢的事情开始。自己早有好感的目标,实现的可能性更大。

问问自己,以 0 ~ 100% 来打分的话,你对实现目标的信心有多少。先着手于信心在 50% 以上的目标,成功会激励你;更难的目标可以放在后面去做。

制订以价值观为基础的目标,因为你更有可能坚持下去。如果"加强人际联结"在你的价值观之列(见原书第

21～26页），你可以制订"每周给一个朋友打电话"的目标。

设定积极的目标，重点关注你正在迈向什么，而不是远离什么。"不再感到焦虑"不是一个积极的目标，"每天做两件有助于放松的事"才是。

设定学习目标而不是成就目标，因为学习目标更有可能坚持住。与其说"我要少吃蛋糕"，不如说"我要找五种健康的零食来吃"。

当你实现任何一个小步骤或小指标时，都要庆祝和奖励自己。对已经做到的事情的积极强化，会激励你去做更多。

当心你内心的批评者偷偷溜进来，采取措施培养一个更加慈悲的内心声音（见原书第158～165页）。

与他人一起做这项练习。研究表明，与别人一起做一件事，你打退堂鼓的可能性要小得多。

用上旁边这幅插图：将你想要实现的目标写在目标山的顶端，然后将其分解成更小的步骤，帮助你实现目标。步骤越容易实现越好。定期监测自己的进度，以帮助自己决定何时完成一个步骤，何时开始进入下一个步骤。这也有助于你确定何时需要重新评估你的目标，并找出你可能需要处理的阻碍。重要的是，不要死守目标，因为有时生活会阻碍你实现目标。你可能需要想其他办法来实现目标，或者根据你的价值观和生活中的变化重新定义目标。

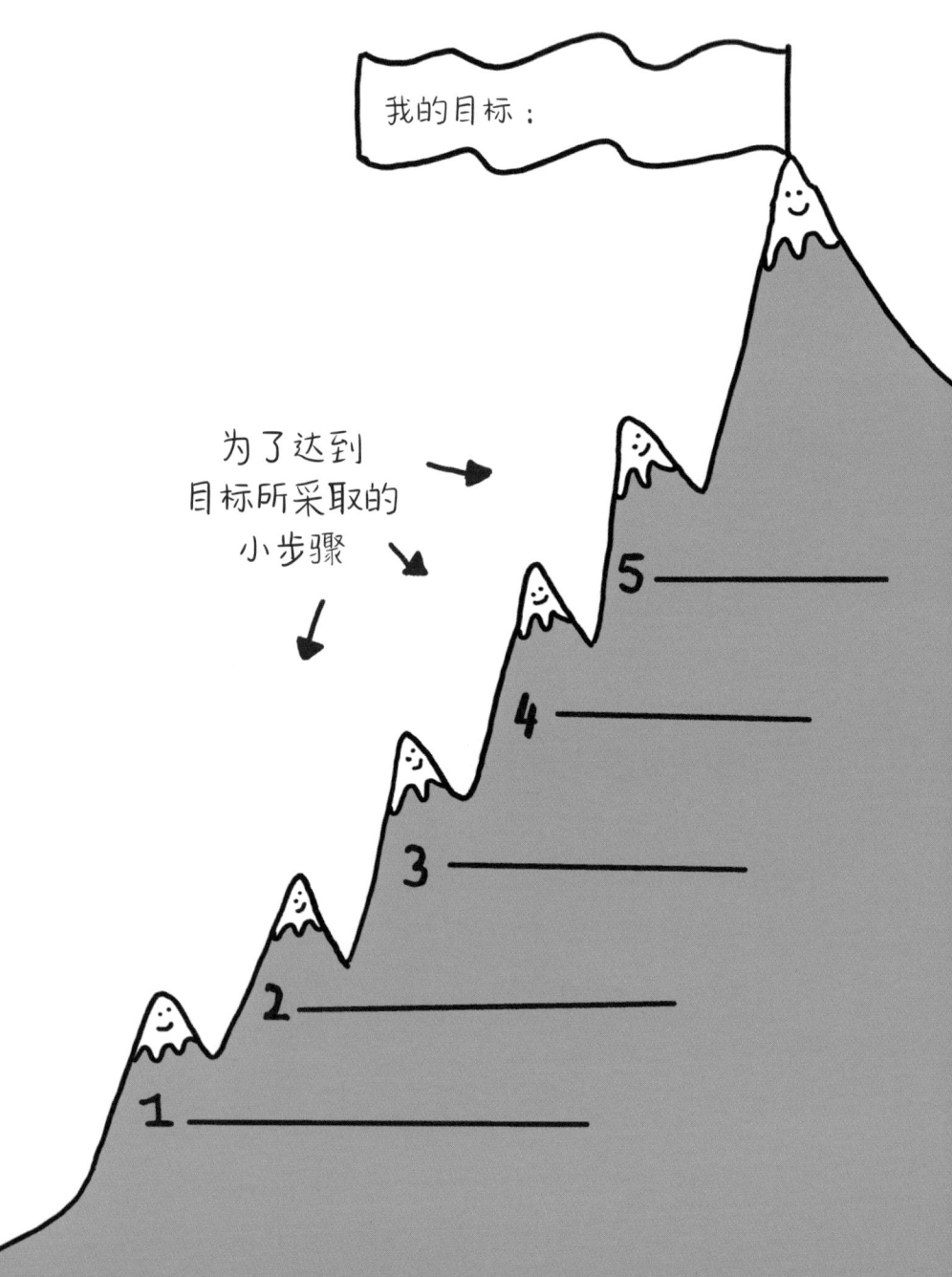

> 练习 2

将微小的习惯融入生活之中

有时，我们想要实现的目标只是一些小事，比如多一些感恩之心、读一本书、走一小段路或多喝水。这些小习惯往往会对你的生活产生重大影响。使用以下四个步骤，将它们融入你的生活。

（1）将新行为与现有行为联系起来

将新行为与已有习惯联系起来形成新习惯，意味着你的新习惯更有可能保持下去，而且旧行为也会对新行为产生刺激作用。例如，将感恩的环节加入现有的睡前习惯之中，或在早晨喝咖啡时去做感恩这件事；将散步放在去买咖啡的途中，选择一段较长的路线；在通勤路上阅读书籍，或在每次查看电子邮件时喝半杯水。

（2）让目标够小、够具体、可实现

如果你在完成某项任务时有成功感，你就更有可能坚持下去。从读两页书或喝两口水开始；每晚写下一件你感恩的事。如果你在完成这些小步骤时感觉良好，你甚至可能会想做得更多。

（3）一次只做一件事

在同一时间做太多事情意味着你更有可能使自己不堪重负，开始将负面情绪与这些习惯联系起来，然后放弃。

（4）确保环境有助于你完成任务

把你的感恩日记和笔放在床边，把书放在包里，在手机上规划好你的散步路线，或者装满一瓶水在白天喝，并在瓶子上标明你在发邮件前要喝多少水。

练习 3

回应（或处理）挫折

挫折是正常的！当你感到疲倦、压力大或超负荷时，你的大脑更容易陷入旧习惯。与其自怨自艾，不如提醒自己这几件关键的事：

挫折并不是失败，它们可以帮助你从中吸取教训。不要批评和责备自己，看看有没有什么是可以从中学习的，这样下次就会更容易了。

挫折通常发生在你的大脑资源不足，无法支撑你继续沿着一条新的、更困难的道路前进的时候。

遇到挫折并不意味着你又回到了起点。一旦你已经出发，再走那条新路就会变得更容易，你也有可能更快地回到上次的位置。

把注意力集中在你的成就上——挫折不会抹杀你的成就。

挫折是你内心批评者的主要素材，因此，如果你发现批评者出现，请做一做本书第 161～165 页的练习。

走出压力环岛的路线

(激活副交感神经系统 + 创造好的感觉)

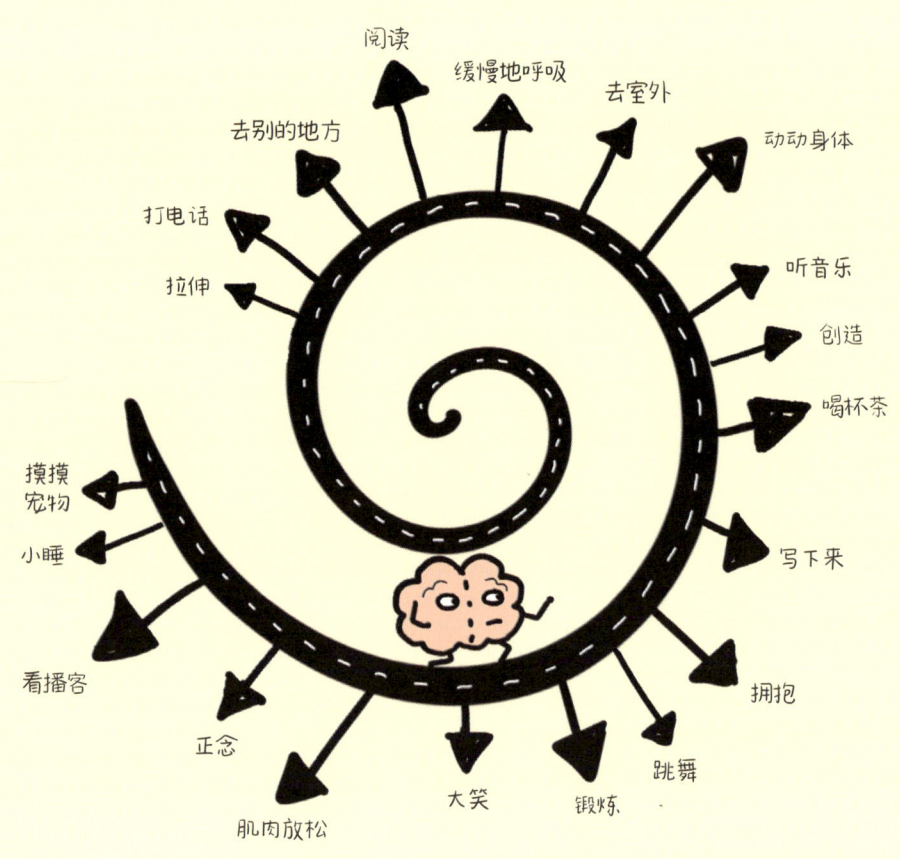

关注生理

在情绪周期中,还有一部分我们尚未讨论:我们身体中的生理感受。生理感受既会产生情绪,也是对情绪的反应。但首先,我需要向你介绍交感神经系统的同伙——副交感神经系统。

交感神经系统和副交感神经系统,就像伯特和厄尼或劳雷尔与哈迪一样,相互补充,共同调节和管理你的身体以及你所需要的能量。交感神经系统会让你做好行动的准备,而副交感神经系统通常会让你的身体平静下来,进行休息活动。后者工作时,我们往往会感到平静。副交感神经系统有时也被称为休息和消化系统,它在调节呼吸、心率和免疫反应方面也起着至关重要的作用。

情绪周期的这一部分,即情绪与身体感觉相互作用的部分,可能会被我们忽视。也许是因为它看似不参与更高级的认知功能(但实际上,它当然是参与的)。然而,身体层面的干预会对生理感觉产生影响,在你的身体中产生不同的感觉,进而可能产生不同的情绪。一些简单的动作,比如放慢呼吸,就会调动副交感神经系统,使身体产生良好的感觉。

当然,这并不能改变情绪的诱因。所以,如果环境中的某些东西让你焦虑或悲伤,可能还是需要去解决。但是,身体层面的干预可以让你充分平静下来，帮助你理清头脑中的混乱，想出该做什么，识别情绪，并采取积极行动，而不是被情绪所驱使。

要让你的大脑和身体产生某些感觉和感受，可以做的事情很多。例如，运动会释放化学物质，诱发不同的身体感觉和愉悦的情绪；拥抱你爱的人、日行一善或到户外活动也是类似的。虽然你不一定能阻止情绪的产生，但你可以创造其他短期和长期的身体感受，进而创造不同的、相互平衡的情绪。

识别并干预身体的压力反应，是管理焦虑和其他情绪的有力工具。当你心情不好的时候，往往你想做的事情——比如躲在角落里——会让你难以去做那些你知道会给身体带来更多愉悦感觉的事情。然而，无论你在做什么，你都可以有意识地去干预，去引发一种强大的身体效应，从而影响你的感受。

练习1

呼吸就好

当我们焦虑时,呼吸会变得更快、更浅,因为我们要吸入更多氧气,让身体做好行动准备。如果吸入的额外氧气没有被利用,就会造成体内氧气和二氧化碳的失衡,从而导致其他与焦虑有关的身体症状。

轻缓地加深呼吸,可以帮助身体找回平衡,平息"战或逃"反应,并调动副交感神经系统。这是一项新技能,因此需要时间和练习,就像学一门乐器一样。我建议你在没有压力的时候尝试,因为在心情平静的时候去学习要容易得多。当你感到焦虑时,你可以使用这种技能来减轻焦虑,而在一天中经常这样做,也可以减少压力的积累。

网上有很多帮助你呼吸的应用程序和视频,但这里介绍我用来入门的一个简单技巧:

坐着或站着,然后将一只手放在胸口,另一只手放在腹部。试着用肺的下部和腹部而不是肺的上部呼吸。呼吸时,去感受腹部的起伏,胸部尽量保持不动。

尽量放松肌肉。一个好的方法是,先让全身肌肉紧张起来,然后再放松下来。

将注意力放在呼吸上。观察自己此刻的呼吸方式。

现在，轻轻地用鼻子吸气，慢慢地数三下。

不要强行吸气，保持轻缓。数数时，专注于鼻子吸进空气的感觉。

轻轻地用嘴呼气，慢慢地数四下。

重复这样做几次，如果可以的话，做几分钟。

根据自己的情况，调整吸气与呼气的时间。让吸气时间略短于呼气时间，这被认为是为了让各种气体形成新的平衡混合。如果开始感到头晕或心慌了，请停下来，因为你可能过分强迫自己呼吸了。

创造舒适的感觉

还有一些方法可以激活副交感神经系统,或让你的身体产生其他宜人的化学物质。当你开始感到压力时,使用这些方法会很有帮助。我们在本书中已经提到过很多方法:睡眠、锻炼和健康饮食,既对身体有好处,也是健康心理的基石。

你也可以通过一些即时反应来改变身体的反应方式。锻炼和运动能够帮助释放化学物质,让你精神振奋;还能在你焦虑时,帮助消耗吸入的多余氧气。户外活动,最好是在绿色开阔空间和自然光下,已被证明可以缓解压力。身体接触、拥抱、抚摸宠物和按摩(如果你喜欢的话)可以创造愉快的身体感觉,减轻压力反应。改变你所处的情境,比如换一个房间或环境,也能产生这种效果。拉伸、瑜伽、跳舞、开合跳,甚至在厨房里跳来跳去,这些动作所产生的身体反应都能够打断压力反应。对许多人来说,创作和阅读也是消除压力的方法。有很多方法可以干预你的身体压力反应,让你平静下来,或创造出良好的感觉(我发现,对我来说,涂鸦可以激活我的身体放松系统)。这些方法可以在短期内打断你的压力循环,并在长期内增强你的抗压能力。本书第 136 页的插图中列出了一些点子,我相信你还能想出很多其他的方法,把它们放进你的工具箱里。

练习3

慢下来，停下来，休息一下

在崇尚忙碌的文化中，放慢脚步、停下来、小憩和休息，几乎是叛逆行为。但是，这些都是照顾你的身体与心灵、创造健康的身体平衡所必需的——事关如何引导和使用你的能量。小憩和休息，为你的身心提供了调节的时间。它们为你的大脑创造空间（想法往往就是从这个空间冒出来的），帮你减少情绪容量杯中的内容物。

然而，就在写下这些词句的时候，我意识到了一件很讽刺的事：我没有听从自己的建议，我的休息也不足。要想休息，我们是会遇到重重阻碍的。在工作中，休息并不是公认的准则，我们认为休息会降低我们的工作效率。我们觉得自己应该忙忙碌碌，全力以赴。我们对暂时的休憩感到内疚，觉得休息是一种奢侈。如果我们不感到有压力，我们就会觉得自己不够努力！

然而，所有的证据都表明，情况恰恰相反。放慢节奏和休息是身心的必需品。休息能提升我们的工作效率（并提高创造力）。即使是很短暂的休息，比如在完成一个小任务之后、开始下一个之前绕着街区散散步，也会产生有益的影响。这样的休息有助于身体的疗愈和恢复，可以让大脑更好地工作。这些让我们停下来休息和休整的时间间隙本来就对我们有益。

请使用下列问题，找出你可以在哪些方面放慢脚步，并将休息时间段安排进你在家和工作的时间里。休息和小憩时间应该受到高度重视，被视作神圣不可侵犯的，值得我们不惜一切代价去争取和保护。好了，先写到这里，现在我要去休息一下了……

可以如何安排休息时间?

在家里:＿＿＿＿＿＿＿＿＿＿＿＿＿＿＿＿＿＿＿＿＿＿＿

工作时:＿＿＿＿＿＿＿＿＿＿＿＿＿＿＿＿＿＿＿＿＿＿＿

什么时候休息最合适?

在家里:＿＿＿＿＿＿＿＿＿＿＿＿＿＿＿＿＿＿＿＿＿＿＿

工作时:＿＿＿＿＿＿＿＿＿＿＿＿＿＿＿＿＿＿＿＿＿＿＿

在休息期间,我将做些什么来帮助我的身体和大脑放松?

在家里:＿＿＿＿＿＿＿＿＿＿＿＿＿＿＿＿＿＿＿＿＿＿＿

工作时:＿＿＿＿＿＿＿＿＿＿＿＿＿＿＿＿＿＿＿＿＿＿＿

有什么在阻碍我这样做?

在家里:＿＿＿＿＿＿＿＿＿＿＿＿＿＿＿＿＿＿＿＿＿＿＿

工作时:＿＿＿＿＿＿＿＿＿＿＿＿＿＿＿＿＿＿＿＿＿＿＿

我将如何确保自己一定会休息?

在家里:＿＿＿＿＿＿＿＿＿＿＿＿＿＿＿＿＿＿＿＿＿＿＿

工作时:＿＿＿＿＿＿＿＿＿＿＿＿＿＿＿＿＿＿＿＿＿＿＿

第 6 章

回应情绪——想些什么

有许多歌曲歌颂爱的力量,但我认为应该有更多讲述想法的力量的歌曲,因为我们脑海中那些呼啸而过的念头和观点,确实会带来强有力的影响。在本章中,我们会看到:思想会产生与现实生活经验同等的影响;想法连通着身体,带来生理反应;我们对自己的看法,是我们与世界互动的方式的根基。想法,尤其是那些经由大脑中熟练的神经通路形成的长期想法,会出现得特别自动自发、无可避免、确凿无疑,好像不受我们控制一样。然而,一旦我们意识到我们的想法在告诉我们些什么、如何对我们产生影响,我们就能够发现,我们在给自己讲一些没有帮助的故事,从而可以把它们重新想清楚。我们可以从崭新的角度重写自己的叙事,并且展开新的章节。最终,我们可以学会干预自己的想法,发展出对自己有益的、能够帮助我们照顾好自己的心理健康的思维模式。本章的焦点是,驾驭你的想法之力,为你的心灵赋能。

想法的力量

想法是我们头脑中以语言或视觉形式出现的实况评论。它们也是我们的想象、自言自语、脑中画面、提醒和记忆。它们由我们的大脑创造，似乎一直与我们同在。有时，它们会大声喊叫，但也有时候，我们的思维模式自动自发到了让我们注意不到的地步。这些大脑模式与我们周围的世界一样，会制造情绪和生理反应，并引导我们的行为。

如果你不相信我的话，请想象拿起一个柠檬并吮吸它——大多数人在这样做时都会开始分泌唾液，感觉就像真的吮吸了一个柠檬一样。看，想法会产生真实的反应。想法也会塑造我们对环境的感知。如果我们关注某样东西，我们的注意力就会被它吸引，因此我们更有可能看到它：如果你讨厌狗，那么你到哪里都会看到狗。由于我们的思维模式是通过过去的经历发展形成的，因此我们会预料到某个事件会很可怕，结果我们的身体就会准备好对我们**认为**会发生的事情做出反应。这就是为什么，对一个人而言无关痛痒的事件会让另一个人感到恐惧，因为我们对事件的想法或预测，比事件本身更能引起我们的反应。"没有什么好害怕的"，这句话说起来容易，但我们的大脑却在告诉我们，就是**有**这么可怕。我们自己的想法本身就会让人感到威胁和恐惧。有时，我们只是想摆脱这些愚蠢的想法，把它们赶走，但是，就像情绪一样，我们越是压抑它们，它们就越有可能以更大的力量反弹回来。

我们的想法还会给我们讲一些关于自己和他人的故事，这些故事会指导我们的行动。我们会告诉自己，我们无法应对，别人不喜欢我们，或者我们是某种类型的人。虽然我们的故事只是建构出来的，但我们相信它们，与它们紧密捆绑，以至于让它们定义了我们。我们可能开始将自己圈在自己所讲述的故事范围内，只在里面活动，不敢走出它的边界。尽管许多故事是基于过时或不正确的信息，如童年经历或我们从社会生活中听来的叙事，但如果我们相信了这些，我们就会用自己的见闻与行动去证实它们。我们将这些故事视为真相，但其实它们只是感知，是一种建构，而不是对现实的反映。

思维的列车永远在我们的脑海中穿梭。一天到晚，我们总有很多很多想法。我们需要很多这样的"列车"来指引我们的行为，帮助我们保持正确的方向，并记住我们过去曾到过哪里。有些想法对我们毫无助益，有些想法只是大脑神经的随机连接，是毫无意义的副产品。有些是大脑的自然偏差造成的，有些则是通过生活经历形成的长期思维模式，而最突出的想法就是那些喊得最响或存在时间最长的想法。长期思维模式会得到大脑中使用良好的神经网络的支持，因此它们的列车会在你的脑海中轻松滑行。它们存在的时间太长了，让你感觉理所当然，就像是现实一样。我们最容易注意到的想法往往是可怕或不愉快的想法，它们会在我们的身体中制造感觉，让我们难以忽视，从而引起我们的注意。这意味着，静音车厢内的想法往往会被忽视，因为吵闹的想法会把它们淹没。

那些永无休止的思绪对我们的所见、所感、所为有着巨大的影响力。这个关系是相互的，因为我们的感受也会影响我们的想法。当我们情绪低落时，我们的想法往往会与我们的情绪保持一致，因此我们更有可能将注意力集中在负面情绪上。我们相信自己的大脑，因为感觉是真实的，但事实并非如此，因为这些信息都经过了注意力、偏见、过往经历及信念的过滤和扭曲。好消息是，我们可以主动拒绝某些叙事，我们还可以引导我们的想法，让它们对我们更有利。通过觉知我们的想法所讲述的故事，并从中抽身，我们可以学着对自己的想法做出有益的反应。

练习1

发现想法

想要对自己的想法做出反应,首先需要发现它们。这并不总是那么容易,因为思维的列车有时是如此快速和自动,以致我们不总是能注意到。我们在书中已经多次谈到了发现自己的想法,还记得我们在情绪的污名化那一部分放在聚光灯下的那些评判吗(见本书第72~73页)?还记得我们所做的那些比较吗(见本书第98~106页)?还记得我们经历冒名顶替综合征时的那些归因吗(见本书第114~115页)?所有这些都是你已经注意到的想法。现在是时候开始发现其他可能影响你情绪的想法了。想法能产生情绪,情绪也能产生想法——这是一条双行道。第一步是注意到你可能拥有的对你无益的想法。

发现这些想法。 暂停一下,看看你能否观察到自己的想法。问问自己:"我现在在想什么?"你在关注什么?在你心情不好的时候,这么做可能会有帮助,这样你就能找出导致不好的感受的思维模式。

想想这些想法对你有多大帮助。 要认识到这些都是想法,而不是事实。现在这些想法对你有多大帮助?留意这些想法给你带来的感受。它们对你的行动有影响吗?你可以使用情绪周期图(见本书第61~67页)来找出这些想法对你的行为和感受的影响。

练习2

辨别思维模式

通常，想法会遵循共同的主题和模式，因此，了解了这些模式，你就更容易发现它们。以下是一些常见的思维模式。请勾选你自己拥有的模式，这可以帮助你在它们出现时及时发现。

自责：把实际上不是你的错（或者至少没到你所认为的那个程度）的事情向内归因，并承担责任。

并不高明的读心术：我们会猜测别人是怎么看我们的。事实证明，我们并不像自己认为的那样是伟大的占卜师，我们经常是错的。虽然人们可能会对我们做出判断，但他们往往沉浸在自己的想法中，而对我们则没那么关注。

妄下结论：急于求成，用不准确的确定性来填补不确定性、预测未来，例如，"我会搞砸这次演讲"。

大脑中的信念一致性过滤器：你的大脑过滤信息的速度很快，这意味着它更有可能看到符合自己已有认知的信息。如果你认为自己很差劲，你的大脑就会选择与之相符的信息。如果你害怕某件东西，你就会开始到处看到它。你的大脑会过滤信息，以看到你期望看到的东西，这意味着你注意不到不一致的地方，而这些不一致的地方可能讲述着另一个故事。

过度假设：根据细枝末节得出结论。这种情况经常发生在犯错误的时候——你的文章写得不好，所以显然你是个垃圾；你得到反馈，要求你更换工作任务，所以你的能力不足以完成好你的工作；有人对你做了负面评价，所以显然每个人都会这么想。当你退后一步来看这些假设，它们简直错得没边儿，但在当下，它们看起来就是千真万确的，并影响着我们的感受。

沉浸在自己非黑即白的故事中：我们会对自己是什么样的人或其他人是什么样的人有强烈的看法，甚至以此来定义自己，但人的个性并不是一成不变的。以这种方式狭隘地看待和定义自己，会对我们自己和我们所做的事情造成无益的限制。我看到的一个典型例子是，人们把自己定义为"不会有压力或心理健康问题的人"。这就意味着，当他们受到压力影响时，他们意识不到，直到他们已经不堪重负，无法再无视压力的存在之时。让自己看到自己和世界运行方式中的灰色地带，一开始你可能会感到不舒服，但能获得长期的回报。

练习 3

回应自己的想法

一旦你发现了那些对你的感受产生消极影响的想法,你大致可以以两种方式来做出反应:一是退后一步,选择去观察它们,并决定听从哪些想法;二是当个客观的观察者,直接与它们互动并质疑它们。这两种方法的作用类似,都是让你与自己的想法保持一定的距离,观察它们,而不是陷入其中,受其驱使。在我的工作中,我注意到不同的人会觉得这两种方法各有帮助,所以可以都尝试一下,看看哪种方法适合你,或者把这两种方法都放进你的工具箱里,根据具体情况选择更有效的方法,交替使用。

决定听从哪些想法

你可以退后一步,留意到自己的想法,认识到自己不必被拉着走,并主动决定搭乘哪一趟列车。你可以观察这些思维列车的靠近,"看哪,我的大脑又在告诉我这个了",向它们点点头,打个招呼,然后让它们经过。你要知道,如果你不想,就不必跳上车。我们只是有一个想法而已(我们会有想法的原因有很多),不是非要认真对待或相信它们。按照以下五个步骤,逐步决定登上哪趟思维列车。

（1）**退后一步，观察你的想法。**这样你才能看清它们的本质：仅仅是一些不必指导你行为的想法。不要仅仅持有某个想法，而是要告诉自己，"我注意到我有这样的想法……"，这样可以帮助你从想法中退出来。提醒自己：想法不是事实。它们可能让你感觉像真的，但这并不意味着它们是真的；虽然它们让你感觉害怕，但想法只是想法而已。

（2）**承认它。**对自己说："你好，思维列车，我知道你在告诉我什么，没关系。我会看着你穿过我的脑海。我不需要加入你、相信你。我可以学会留意到你的经过。"

（3）**识别故事和模式。**如果你注意到你的诸多想法所遵循的共同模式（练习2可以帮助你做到这一点），你就可以识别思维列车正在讲述的故事。例如，"这趟列车在告诉我，我没有朋友"。提醒自己这只是大脑中的一个故事，让它过去吧。

（4）**接受它，不要对抗它。**即使不是总会成功，但你的大脑是在尽全力帮助你。所以与其同它抗争，不如向它点头致谢。告诉它，"谢谢你的想法，我看到你在努力帮助我"，然后就放它走吧，而不是直接受其影响。

（5）**换个角度看问题。**有一个方法，就是当你注意到自己的想法时，把它们唱给自己听，或者用搞笑的声音说出来。这似乎能帮助人们从自己的想法中抽离出来，把它们看成不必认真对待的东西。(我曾经的一个来访者非常喜欢用激流金属的风格唱出自己的想法,这让他很难认真对待它们。)

质疑你的想法

并不是要你创造积极的思维方式,而是要更客观地看待自己的想法,质疑它们的有效性。这是在敦促你的思想变得公平和开放。如果你试图过于激烈地反对你的想法或推开它们,它们可能会更强烈地反弹回来;但你也可以与你的想法合作,以期获得不同的视角。最终,你思维的灵活性会有所提高,从非黑即白的思维转变为更宽广、更公正、更精细的视角。使用以下三个步骤来帮助实践这一方法。

1. 退后一步,看看你的想法在说什么。写下来。
2. 接下来,问自己几个问题:

这是对处境的公正评价吗?

我从当下的处境中得出了什么意义?

是否有一些因素影响了我现在对这种处境的看法?例如,压力过大、睡眠不足或情绪激动?

大局是什么样的?

一个月后或一年后这还重要吗?

如果我的朋友遇到这样的状况,我会对她/他说什么?

我的大脑是否陷入了练习?或本书第147页插图中的思

维模式?

是否有证据支持其他结论?

关于这件事,还有其他思考方式吗?

3. 你得出了什么结论? 怎样看待这种情况更现实、更平衡?写下来。当你再次注意到这种思维模式出现时,提醒自己使用这种更好的方式。

批判的想法　　　　　　和善的想法

大笨蛋！你真是一点用都没有。

没那么糟。也有很多事是你做得好的。

激活威胁系统　　　激活安抚系统

内在批评者

如果你听到有人对你的朋友说这些话,你会怎么想?我猜你会认为他们是恶霸,而且是粗鲁下流的恶霸。你甚至会大步走到这个人面前,斥责她/他欺人太甚。你很可能会告诉你的朋友,这个人的说法与事实不符,并为朋友打气,说出你能想到的所有证据来证明这个恶霸是错的。

然而,这个恶霸往往存在于我们自己的头脑中。它可能会重复我们在生活中听到的评论,深挖我们的自我怀疑,或者发现我们的弱点并大做文章。我们没有揭穿这个批评者的迫害，反而对它深信不疑。我们不经怀疑地对那些话信以为真，不加考证地接受其结论。

  我们没有像对待现实生活中的恶霸一样，对头脑中的恶霸建立同样的边界。当这种事情发生在朋友身上时，我们会退后一步，客观地表示这是不可接受的，可是我们对自己却主观得多。结果，这个内心的恶霸就被放任自流，在日常工作中对我们大肆辱骂。我们可能已经习惯了这些恶言恶语，让它们成了生活中的背景音，于是它变成隐性的存在，无孔不入、悄无声息地破坏我们的生活，而我们甚至都意识不到。

  我们每个人的头脑中都时刻上演着内心对话，这段对话影响着我们的行为反应、大脑的化学反应以及我们的感受。试想一下，有人整天对你大喊大叫，说你坏话、批评你，你会有什么感觉？你可能会感到泄气、悲伤、焦虑、失去动力、不知所措。这种内心的批评会引发威胁反应，让我们焦虑、紧张。没有人应该受到持续不断的批评，尤其是当批评来自自己的大脑时。因此，是时候扭转这种局面，开始努力成为自己的内心挚友了。

> 练习 1

揭发内心的恶霸

对付内在批评者的第一步就是发现它。恶霸必须被揭露真面目，而我们这里的这一位，往往是一个强迫性说谎者，以自我怀疑和弱点为生。注意到你的内在批评者，你就能让它从阴影中现身，同它进行严肃的谈话。仅仅通过曝光，它的力量就已经开始削弱，因为你可以开始更客观地看待它了，并像对待别人的恶霸一样去审视它。

揭露恶霸最好的方法，就是注意到它何时启动，以及它对你说了什么。内心恶霸出现的一个线索就是，你的心情不好。你犯了错，认为自己做错了什么事，觉得自己很傻或为某事感到尴尬，这些都是恶霸的常用素材。有时候，可能是一个明确的触发点唤醒了你的内在批评者，但在其他时候，最无害的事件都会被它拿来说三道四，这就更难发现了。

当你注意到内在批评者已启动的迹象时，问问自己，它在告诉你什么？把它写下来。它说你笨吗？不如别人做得好？它说的话往往有规律可循，所以你可能会发现你的恶霸经常重复自己的话。

试着想象一下你的内在批评者长什么样子。这会有助于将它从你的大脑中分离出来。它是一个将你贬低得一无是处的讨厌的巨怪吗？还是一只恶毒的狐狸，拐弯抹角地暗示你的无能？赋予你的内在批评者一个具体的形象，可以帮助你更客观地看待它。目的是要注意到它和它对你提出的批评。

> 练习 2

客观一些

现在,你已经发现了这个嚣张跋扈的内在批评者,是时候对它告诉你的事情进行一些真正的审视了。要做到这一点,我们要运用本书第 158 页所阐述的概念:我们对别人比对自己更客观。你很难客观地旁观自己的处境。你的内在恶霸与你的过去经历、信念和情绪有着内在的联系,因此,要将其与你的感受区分开来,可能会很难。我们更容易做到以批判和客观的眼光看待别人的处境和内在批评者。我们也更容易同情他人,而不是自己。

想象一下,你正在和一位朋友说话,而这位朋友的处境正和你的内心恶霸对你极尽凌辱之时一模一样。你会对这位朋友说什么?你会说他们犯了错很愚蠢吗?还是你会更有同情心?我猜是后者,因为我们在看待别人的处境时往往会比看待自己的处境更客观。因此,我们可以确信,在这种情况下,我们对别人说出的话,要比我们——或我们的内在批评者——对自己说的话,更加公允。

练习 3

让你的内在声音更有人情味

好了，我们已经注意到：我们的内在批评者对我们是苛责的，而当我们更客观地看待现状时，我们往往会报之以更多的善意。接下来，我们要做的就是培养一种更富同情心的内心声音。当我们善待自己时，就会触发我们的舒缓系统，让我们感到安全、放松和受关怀。这反过来又会让我们感觉更能掌控困境。

想想在同样的情况下，你会对朋友说什么？你会如何让他们心情好起来？你会如何质疑对他们说话的恶霸批评者？你会如何更平衡地看待现状？现在，把这种更客观的声音应用在你自己身上。这个新的富有同情心的声音就是你内心的养育者，它是来照顾你的。

一开始，你可能会觉得这是人为的，你可能不相信自己对自己说的话。打破和重建思维模式需要一段时间。内在批评者已经轻车熟路，它可以顺畅地前行，而你新的内在养育者则必须在一条不常走的、杂草丛生的道路上披荆斩棘。然而，我们越是鼓励内在养育者，它就越容易在这条道路上前进，而内在批评者的道路则会变得更加崎岖芜杂，它会发现，接近我们变得越来越难了。

当你情绪低落时,你更容易回到旧有的模式中。当你内心的恶霸偷偷溜回来时,这意味着你需要更多的滋养。与其责备自己重蹈覆辙,不如把它看成一个信号,要对自己更好一些。

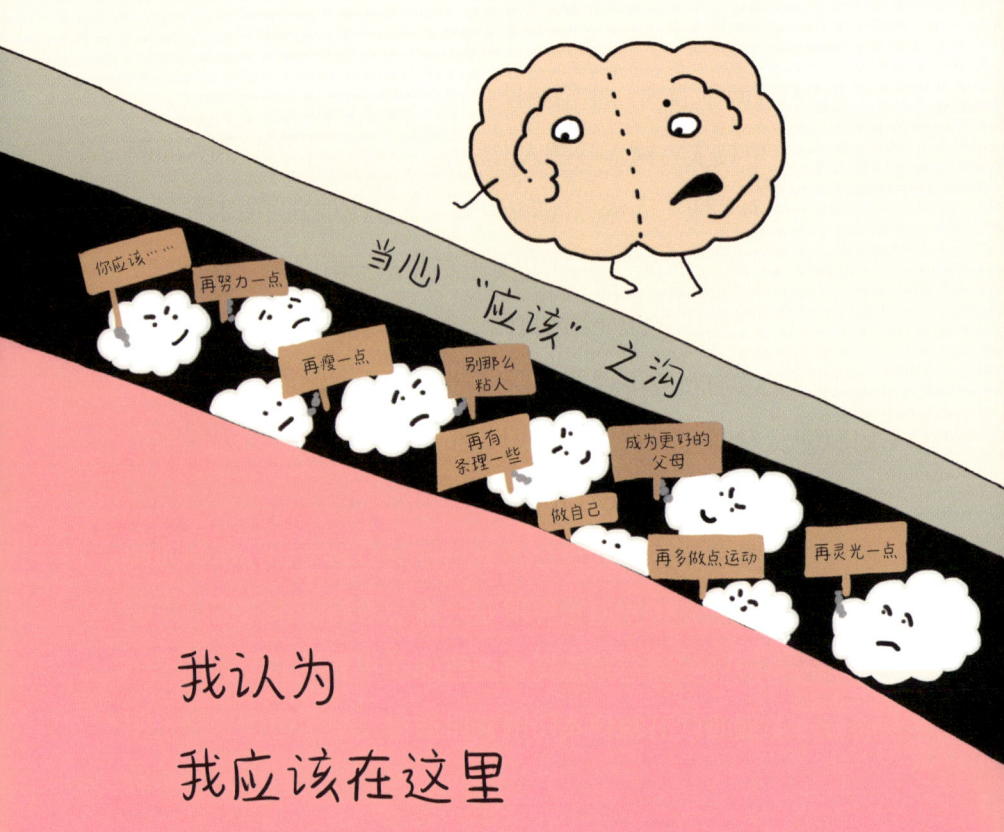

认识"应该"

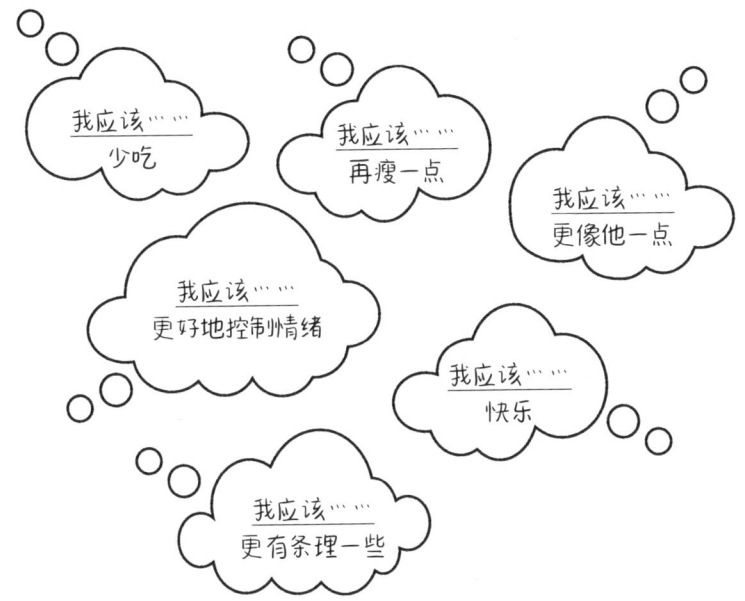

我想向你介绍"应该"。我把它们想象成泡泡云状的可爱小东西，它们用忽闪忽闪的大眼睛吸引你，骗你以为它们在帮你的忙，为你设定动力十足的目标。它们告诉你**应该**做什么，**应该**成为什么样的人，**应该**做什么样的父母，**应该**有什么样的感受。它们看似合情合理，毕竟我们怎么会不想让自己变得更好呢？然而，"应该"们抓住了不准确性和感知偏误，以自我怀疑、比较、不切实际的期望和自我批评为生，在"我们是谁"和"我们认为我们应该是谁"之间制造了巨大的鸿沟。它们栖居在期望与现实之间，占据了我们大脑中太多的空间。

这些"应该"悄悄地告诉我们，你应该快乐／能够做到这件事／对孩子永远充满爱／"无所不能"。在告诉我们应该成为什么样的人的同时，"应该"还有一个讨厌的习惯，那就是暗示我们**不应该**成为什么样的人。它们可能从来不会明说，但这就是它们真实的意思。你**不应该**感到焦虑／觉得养育孩子很辛苦／在工作和孩子之间挣扎／觉得做一个全职妈妈或全职爸爸很困难。基本上，它们是在告诉你，你做得还不够好。"应该"也喜欢把我们的孩子拉进这场说教。它们告诉我们，我们的孩子**应该**多读书／**应该**表现得更好／**不应该**再用尿布了。

"应该"并不愚蠢：它们知道，每当我们相信了它们，在现实与我们的应然状态之间就会出现一道鸿沟。这个鸿沟就是"应该"的栖息地：一个因无法实现的成就和不切实际的期望而不可避免地让人感到失望和羞耻的地方。它们让你相信，只要你能到达"彼岸"，生活就会更美好，你就会更幸福，世界就会更美好。"彼岸"的承诺是虚假的。"应该"会欺骗你，让你以为，为了实现目标、感觉良好，你需要做出巨大的改变；而实际上，你所需要的一切几乎都已经在你的掌握之中。这些"应该"为羞愧、内疚和失望等情绪创造了滋生的温床，它们在这里简直可以茁壮成长。它们隐藏得如此之深，以至于我们没有把矛头指向"应该"（产生这些情绪的想法），而是把责任推给了自己。所以，请当心"应该之沟"，并留意自己何时陷入其中。

不过，我们确实需要发现那些有价值的"应该"，因为有时它们可能具有巨大的潜力，甚至会改变世界。当卡罗琳·克里亚多-佩雷斯⊖说议会广场上应该有更多的女性雕像时，这与她的价值观一致，于是她发起了一场运动，使之成为现实。她将她的"应该"转化为直接行动；不是她**应该**做什么，而是她**能够**做什么。认识到值得为之奋斗的"应该"与自我批评的"应该"之间的区别，我们就可以将前者转化为可付诸行动的具体目标，并学会忽略那些自我审视的、令人内疚的"应该"。

⊖ 卡罗琳·克里亚多-佩雷斯（Caroline Criado-Perez），英国作家、记者，著有《看不见的女性》(*Invisible Women*)。——译者注

> 练习 1

找出你的"应该"

以本书第 166 页的插图为提示,找出你自己的"应该"。它们在告诉你什么?把它们列在一张纸上。

> 练习 2

弥合"应该"之沟

判断哪些"应该"值得坚持,哪些让你感觉不适。这些"应该"是否在告诉你,如果你到达了"应该"之沟的另一边,生活就会更美好?是谁在说你应该?这些声音来自过去吗?是你自己相信的东西,还是他人或社会告诉你应该做的事?

试着把你的"应该"们分为以下四类。

(1)"应该"棍棒:用来不公平地打击自己。

(2)"应该"神话:告诉你,如果你能到达"彼岸",生活会更美好。

(3)"应该"愿望:你希望是这样,但它们是不是不切实际的目标,是否值得你为之耗费精力?

(4)"应该"价值:这些价值与你的价值观一致,有助于指引你前进的方向。

对于前两类,可以参考本书前面提到的一些技巧:请参阅"想法的力量"(见本书第 147 ~ 157 页)。对于第三类,请认清这是一个愿望,但并不意味着你应该去做。如果它不切实际,就试着主动决定你有多想听从这个想法(见本书第 154 ~ 157 页的"回应自己的想法"练习)。或者,你也可以挑战一下自己的想法,想想看如果这个"应该"真的发生了,到底会怎么样。例如,你是否告诉自己,只要减了肥,生活就会变得更好?扪心自问,事实是否真的如此?

练习 3

把"应该"变成"可以"

只有一小部分"应该"是值得一听并坚持下去的。这最后一类"应该价值观"需要从无形的"应该"转变为有形的"可以",从而转化为可执行的目标(参见"改变与目标",本书第 127 ~ 135 页)。例如,如果你认为自己应该为环保做更多的事情,那么你可以说:"我可以尝试去用可重复使用的包装。"重新列出你的值得倾听的"应该",并将其转化为"可以":

我应该……　　　　　　　我可以……

猫猫灾难化

我为什么那样说？ 他们会怎样想呢？ 别的猫都觉得我很怪

我今天是个大喊大叫的妈妈 可怜的宝贝们，希望他们没事 万一我就这样给他们留下了终身阴影怎么办？

我睡不着 我明天上班会表现如何呢？ 肯定完蛋！

灾难警报!

你的大脑不仅是一个厉害的威胁探测器,能够预测你需要把注意力和精力放在哪里,还是一个出色的未来规划与预测器官。将这些令人叹为观止的能力结合起来,对引导行为以实现目标大有裨益。但是,你现在应该已经猜到了,虽然我们大脑的许多能力都很有用,但这些能力往往也有阴暗面。

有时,我们会把上述预测能力和威胁探测能力结合在一起,这样就形成了一个爆炸性的组合,我们的大脑会注意到被这个组合认定为负面的事件,并过度反应,预测到过多的威胁。不知不觉间,我们的大脑就已经失控——我们面临着一场超新星级的灾难,威胁无处不在,我们已经说服自己最坏的情况一定会发生。显然,一场史诗级的灾难即将发生!

心理学家用这样一个术语来描述这种情况:"灾难化"。一切都源于一件微不足道的小事儿——孩子耍脾气了,饭菜烧焦了,一个小失误,我们对朋友说了一些欠考虑的话。也可能是更大的事情——考试成绩低于预期,对孩子大喊大叫了一天,身体出现了一些不舒服的症状。如果是你的朋友遇到这种情况,你会告诉他们"没什么大不了的",或者"我们理智地考虑一下吧",但是,无论出于什么原因,你的大脑都不会像朋友那样行事。它注意到这些信息并加以思考,在你回过神来之前,发令枪已经响起,它以比尤塞恩·博尔特(Usain Bolt)更快的速度冲向终点线的灾难深渊——在那里,世界末日似乎已成定局。你不仅仅是考试拿了C,还永远地毁掉了自己的人生。这不仅仅是一天的大吵大闹(我们都有这样的经历),你还毁了你孩子的一生。你不仅仅是说了些傻话,你的朋友们再也不会愿意和你说话了。一场彻底的灾难!

脱离了具体的情境,上述想法看起来可能很荒谬。但在这一切发生的时候,情绪正处于高点的时候,你不仅很难控制自己的想法,这些离奇的结论还会让你觉得就是必然的,是真实的。它们当然会发生,你对此毫无疑问。这让你的思绪像火箭一样窜出去,进一步坠入毁灭性的灾难深渊。当你急速坠入深渊时,你的大脑会做出进一步的预测:它不仅会大大高估全面灾难发生的概率，反过来，它还会大大低估在最坏情况发生的极小概率下你的应对能力。我们大多数人都认为，当坏事发生时，我们会崩溃，但实际上，很少有人会这样，而大多数人的应对能力都比预想的要强得多。

在某些情况下，我们特别容易跳入灾难深渊。当我们的情绪容量杯漫溢时（见本书第29～38页），我们更有可能跳下去，这可能并不奇怪，因为我们没有足够的大脑空间，去退后一步、在一定的距离之外评估现状。不确定性也为你的想法提供了一个完美的起始点。人类都倾向于喜欢确定性，我们会觉得规划未来是件令人安心的事，因为规划未来会创造更多的确定性。因此，当我们的生活中存在不确定性时，这可能会引起焦虑，我们的大脑就会试图通过填空的方式来创造确定性，此时它往往会用有害的伪确定性来预测最坏的情况，结果反而让我们更难受了。

以下练习旨在设置一些路障，阻止你的大脑向灾难深渊冲刺，让它在途中放慢速度。

设置"路障"

当你对自己的想法有了更多了解时（行文至此，希望你已经有了更多了解），你可能会注意到，发令枪已经响了，你的想法已经在跑偏的路上开始狂奔了。停下来。当你注意到思绪的狂奔时，你就已经在扰乱它们的动作，让它们的步伐放慢了。现在是时候给它们设置更多障碍了，让它们进一步放慢脚步，让它们换一条路走，甚至可能是回到起跑线。问问自己这些问题：

你头脑中最坏的情况，究竟有多大可能发生？

有哪些事实和统计数据支持你的判断？

如果真的发生了，你能做些什么？

什么情况最有可能发生？

最坏的情况真的是一场灾难吗？还是你可以挺过去？

写下你对这些问题的答案。你的想法往往是有规律的，所以这场竞速很可能会再次发生；当它发生时，你可以提醒自己想想这些答案，这样，你就更有希望不再被拖入朝向灾难性结局的狂飙之中。

练习 2

感恩：着眼于此时此地

我是一个典型的苏格兰人，天生愤世嫉俗，当我第一次听说"感恩"这个词时，我满腹狐疑。感恩，听起来有点矫揉造作和简单化不是吗。不过，除了有可靠的研究支持外，仔细想想也不无道理。感恩的作用在于将你的注意力从自动的负面偏差转移到更广阔的全景上——你现在所拥有的让你感激的东西，以及让你感觉良好的东西。将注意力转移到这一点上，意味着你不仅会在未来更多地留意全局，而且也更有可能记住它。在短期内，这样做并不能让你克服大脑过度想象风险和向未来狂奔的倾向，但它会逐渐创造出长期的思维模式，从而减缓思维奔跑的速度，或让它完全停下来。你越是经常这样做，越是注意到小事并心存感激，就越能从中受益。

最简单的方法就是定期停下来，写下三件让你感恩的事情。这些事情不一定要很大，事实上，越小越好。写下来，你就更有可能将它们记牢。你会在大脑中留下感恩的路径。很多人喜欢在睡前做这件事，从大脑的角度来看，这是明智的，因为睡眠有助于记忆的巩固，所以在这个时间，你更有可能在大脑中建立起这些感恩的连接。

练习 3

容许不确定性

不确定性会让你的思绪开始狂飙，但你可以自发地容许它存在。下面这些技巧对我喜欢的另一个心理学词汇——"反刍"，也很有用。反刍是指我们被担忧所困，却不一定能找到解决方案（通常是因为压根没有解决方案）。想想什么是你能掌控的，什么是你控制不了的，这会对你有所帮助。你无法改变你掌控之外的事情，所以最好把资源用于应对你可以掌控的事情。以插图为提示，找出你的担忧并进行分类。把你能掌控的写在蓝色气球里，不能掌控的写在粉色气球里。

对于你掌控范围之外的担忧：

识别并确认你的情绪。试着观察自己的思维方式。使用本书第 151～157 页的思考策略，帮助决定如何做出最佳反应。

将注意力转移回当下——专注于呼吸。

想办法让这些担忧消失——向朋友倾诉，或做一些让自己放松的事情。

对于你能掌控的担忧：

找出让你感到压力的原因——可以使用本书第 43 页的"清理你的大脑"练习作为辅助。

思考如何管理这些压力——可以使用本书第 90～91 页的"问题解决"练习来帮助你。

思考下一步可以采取的有用措施。

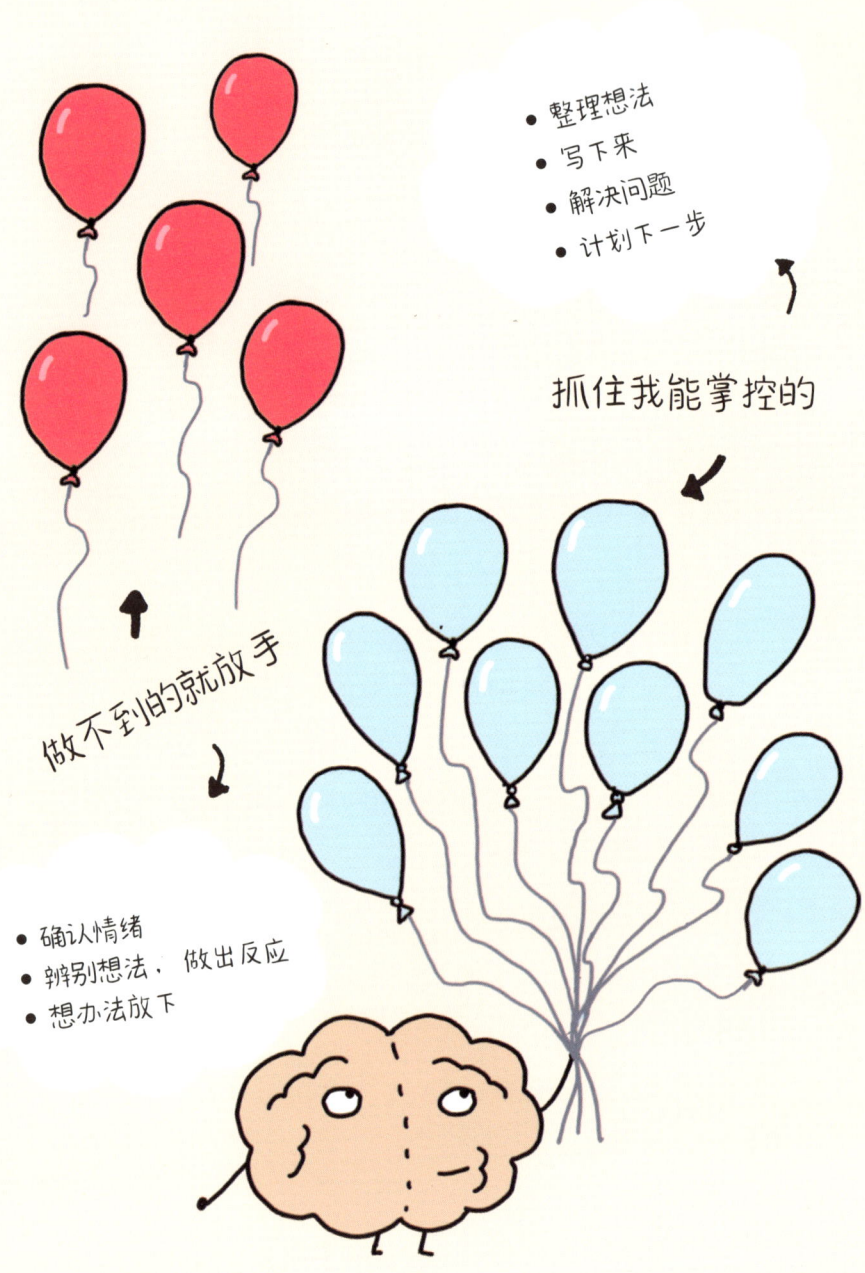

全部整合起来

到目前为止，我希望你已经使用这本书来建立了自己的个性化工具箱，用以照顾自己的心灵。你工具箱中的内容是专属于你个人的，它会让你有能力把照顾好自己的心灵放在生活的中心位置，并给予它应有的关注。

我不可能把所有现存的心理技巧或循证工具都写进这本书里，因此，当你发现更多对你有用的工具时，请将其添加到你的工具箱中。有时，曾在某一时刻对你很有效的方法，在其他时候可能并不那么有效，因此，在必要时灵活调整你的工具箱也很重要。

虽然工具箱可以帮助你积极主动地照顾自己的心灵，但没有人能够避免心理健康的低谷。即使是掌握了世界上所有理论和技巧的人——例如临床心理学家——也无法避免问题的出现。心理健康与经历痛苦是人类的一种处境，在适当（或者应该说是错误）的情况下，任何人的心理健康都可能遭受苦难。

认识到自己的心理健康正在恶化的信号是很重要的，这样才能采取积极的行动。否认自己正在遭受痛苦并不意味着坚忍，这样做更有可能扩大你的痛苦，并有可能使事情恶化。但这并不容易：心理健康状况的恶化可能是隐匿的、渐进的，而症状本身也可能难以察觉，让人意识不到需要寻求帮助。

冒名顶替综合征会浮出水面："我不应该得到帮助，因为我的生活中没有什么值得难过的。"我们告诉自己"我不是一个抑郁／焦虑／紧张的人"，但当你这样想的时候，你否定了一个事实：所有人都会有这些感觉。

　　寻求帮助也可能会遇到重重阻碍。你可能会担心自己会被否定或贬低。你可能会认为自己有些怪异。我见过很多在心理健康方面遇到困难的人，我可以向你保证，你的经历总有人共享，因为我们之间的共同点远远多于差异——痛苦经历也包含其中。你可能认为自己不值得被帮助。同样不可否认的是，向他人敞开心扉的想法可能会让人感到恐惧，尤其是当你要向一位素未谋面的心理医生敞开心扉时。然而，对于心理健康方面的困难，我们有一系列基于实证研究的治疗方法，我们应该像对待身体健康的症状一样，认真对待心理层面的求援。

　　下面的插图旨在帮助你识别心理健康对你的意义、你的心理健康遭遇挑战时的征兆，以及当你发现这种情况时可以采取的措施和行动。这里的措施和行动就包括在必要时寻求专业帮助。由于医疗体系往往错综复杂，在你感到压力、苦恼或不知所措的时候，就会变得更难应对，因此，提前了解一下你所在地区提供的心理支持资源或在需要时如何获得帮助，会是明智之举。掌握相关知识本身就在为你赋能，让你感觉到自己有很多选择。

对我来说，心理健康意味着什么：

我的心理健康遭遇挑战时，有哪些信号：

此时，会对我有帮助的事物：

哪些信号说明我需要额外的帮助：

心理健康急救箱

我们每个人家里都有一个身体健康急救箱，我希望有一天，我们的心理健康问题也能得到同等的重视。我们可以从为自己的心灵准备一个急救箱开始，当我们发现自己的心理健康开始恶化时，就可以使用这个急救箱了。事先准备好这个急救箱会让事情容易得多，因为心灵困扰的一大特征就是头脑混乱，不知从何下手，做决定也很困难。有了急救箱，我们就可以节省在计划具体执行时所耗费的能量和努力。

你的心理健康急救箱里可能会有一些信息，包括可以发短信或打电话的求助热线，以及如何在当地获得直接帮助。在我看来，寻求专业帮助并不是一种失败——这就像感染疾病或骨折时寻求帮助一样正常。如果你出现心情低落、焦虑或者任何形式的困扰或情绪，对你的健康或工作造成不利影响，并且/或者已经持续两周以上，那么你应该向心理医生咨询，以确定是否需要治疗。某些身体疾病也会诱发我们称之为焦虑或抑郁的情绪，因此也值得一查。

最近，我询问了许多人他们会在心理健康急救箱里放些什么，下面的插图展示了其中的一些主题。请用这幅图来思考，你会在自己的急救箱里放些什么。把它们写下来作为提示，随身携带。

我的心理健康急救箱

- 好时光照片——提醒我，我会感觉好起来的
- 支持源泉——网站、电话号码
- 本子和笔，可以把一切写下来
- 帮助我放松、让我心情好的物品，例如：毯子、呼吸应用程序、书籍
- 支持性话语备忘录，来自家人、朋友、过去的我
- 放自己去休息一下的许可证，例如：散散步，去室外
- 好心情曲单
- 应对坏心情策略清单
- 有益的格言和话语

结束前的叮嘱

承认情绪是很重要的,有时我们就是会感到痛苦,痛苦是对异常情况的正常反应。例如,当亲人去世时,大多数人都会感到痛苦。这是完全可以理解的,痛苦是人类面对压力时的典型反应。然而,有时很难确定你的痛苦是对环境的自然反应,还是你的心理健康状况遇到了困难,需要帮助。不要害怕寻求帮助——倾诉可以让你看清现状,帮助你将自己的感受正常化,并采取相应的措施来补救。

最能预示心理健康困境的因素之中,现实生活条件占据一席之地——包括经济困难、遭遇霸凌、有毒的虐待关系（在工作或家庭中）或经历创伤事件。在这些情况下,你正在经历着造成长期压力、影响心理健康的事情。你的生活中有一些事情给你带来了痛苦,这是因为它们本身就是令人痛苦的。

对于大多数人来说,本书中的技巧应该会有所帮助。但如果你处于上述情况之中,最好的疗愈方法是,在你力所能及的情况下,将压力源从你的生活中移除。如果有人受到霸凌,作为心理学家,我不只是想帮助他们应对这种情况;相反,我想直接解决造成痛苦的压力源,从而直接解决霸凌的问题。当然,在个人层面上,针对你的财务状况、职场霸凌或虐待关系等问题去做改变，可能会非常困难。因此，虽然你可能会发现本书中的一些技巧对你有所帮助，但在这些困难的情况下，首要任务应该是直接采取行动改变你的处境，必要时寻求帮助。

从社会层面来看，个人的心理健康治疗并不是心理健康问题的全部，它只是解决方案的一部分。我们还需要针对贫困、创伤和长期慢性压力等因素采取社会措施——研究表明，这些因素对心理健康的影响最大。

最后的话

我希望在本书结束时，你已经掌握了一套在繁忙的现代生活中帮助你保持心理健康的工具，并对照顾好自己的心灵充满信心。我也希望你在本书结束时能够相信，我们每个人的心理健康都需要被照顾，痛苦并不一定是不正常的，它是人类的一部分。带着这样的信念前行，不仅对你自己有帮助，因为你会更乐于思考自己的情绪，留意到它们，采取行动，并在需要时寻求帮助；而且对我们整个社会的发展也有帮助。它将帮助我们转变观念，从"心理健康只是一部分人的事情，我们只有在它出问题时才会采取应对措施"的观念，转变为"心理健康是我们每个人都有的东西，需要在个人、集体和社会层面积极主动地加以关注"的观念。当我们认识到我们的心灵受到我们整个生活的影响，心理健康与我们的身体健康和环境密不可分，我们就变强了。我们能够不被污名化所蒙蔽，增加我们的知识，并以知情、循证的方式关注自己的心理健康。我希望这本书能够起到一定作用，让大家展开这方面的讨论。

拓展阅读

参考以下资源，可进一步了解本书讨论的一些话题。

简介

了解更多心理健康的迷思：

Austin, Jehannine & Landrum Peay, Holly, *How to Talk with Families About Genetics and Psychiatric Illness*, W. W. Norton & Company, 2011

Filer, Nathan, *This Book will Change your Mind about Mental Health*, Faber & Faber, 2019

了解更多关于大脑运作的信息：

Burnett, Dean, *The Idiot Brain*, Guardian Faber Publishing, 2017

New Scientist, *The Brain: A User's Guide*, Hodder & Stoughton Ltd, 2018

了解更多关于身心如何联结的信息：

Macciochi, Jenna, Dr., Chapter 5: 'Mental health matters' in *Immunity: the Science of Staying Well*, Harper Non Fiction, 2020

Marchant, Jo, *Cure: A journey into the Science of Mind over Body*, Canongate Books, 2017

不要忘记基础知识：

Hammond, Claudia, *The Art of Rest: How to Find*

Respite in the Modern Age, Canongate Books, 2019

Hardy, Jane, *365 Days of Self-Care: A Journal*, Orion Spring, 2018

Reading, Suzy, *The Self-Care Revolution: Smart Habits & Simple Practices to Allow You to Flourish*, Aster, 2017

Seal, Clare, *Real Life Money: An Honest Guide to Taking Control of Your Finances*, Headline Home, 2020

Walker, Matthew, *Why We Sleep: The New Science of Sleep and Dreams*, Penguin, 2018

五根支柱

Kabat-Zinn, Jon, *Wherever You Go, There You Are: Mindfulness Meditation for Everyday Life*, Piatkus, 2004

价值观

Harris, Russ, *The Happiness Trap: Stop Struggling, Start Living*, Robinson Publishing, 2008

情绪

Feldman Barrett, Lisa, *How Emotions are Made: The Secret Life of the Brain*, Pan Macmillan, 2018

冒名顶替综合征

Hibberd, Jessamy, Dr., *The Imposter Cure: How to Stop Feeling Like a Fraud and Escape the Mind-Trap of Imposter Syndrome*, Aster, 2019

改变与目标

Fogg, BJ, *Tiny Habits: The Small Changes that Change Everything*, Virgin Books, 2019

内在批评者

Gilbert, Paul, *The Compassionate Mind*, Constable, 2010

致谢

感谢 Kerry, Julia 和 Quercus 图书团队。如果没有你们,这本书就不会诞生。谢谢你们!

感谢 Stuart, Fraser 和 Evie. 如果没有你们,我就无法完成这本书的写作。谢谢你们!

感谢我的父母,感谢你们给我提供的空间、茶和鼓励。谢谢你们!